学前儿童美术教育实践研究

朱　伟◎著

吉林人民出版社

图书在版编目（CIP）数据

学前儿童美术教育实践研究/朱伟著. -- 长春：
吉林人民出版社，2024.8. -- ISBN 978-7-206-21374-8

Ⅰ. G613

中国国家版本馆 CIP 数据核字第 202434HT85 号

学前儿童美术教育实践研究

XUEQIAN ERTONG MEISHU JIAOYU SHIJIAN YANJIU

著　　者：朱　伟

责任编辑：金　鑫

封面设计：豫燕川

出版发行：吉林人民出版社（长春市人民大街 7548 号　邮政编码：130022）

印　　刷：唐山才智印刷有限公司

开　　本：787mm×1092mm　　　1/16

印　　张：10.25　　　　　字　　数：138 千字

标准书号：ISBN 978-7-206-21374-8

版　　次：2025 年 6 月第 1 版　　印　　次：2025 年 6 月第 1 次印刷

定　　价：68.00 元

前　言

　　学前教育是国民教育体系的重要组成部分，是终身教育的开端。学前儿童教师教育担负着学前教师职前培养和职后培训以及促进教师专业成长的双重任务，在教育体系中具有职业性和专业性、基础性和全民性的战略地位。学前儿童美术教育是培养学前儿童初步的美术审美能力和美术创作能力，最终促进学前儿童人格和谐发展的一种审美教育。学前儿童美术教育不仅是一门学科性教育，它还具有开发学前儿童智力、训练学前儿童思维等重要作用。因此，学前儿童美术教育在学前儿童教育中居于十分重要的位置。

　　本书是关于学前儿童美术教育方向的著作，共分七章：学前儿童美术教育概述、学前儿童美术技能与创造力协同发展研究、学前儿童美术能力的发展与表现、学前儿童美术教育目标与内容、学前儿童美术教育原则和方法、学前儿童美术教育活动的内容与指导、学前儿童美术活动的设计与实施。本书的出版旨在帮助学习者理解学前儿童美术教育的目的及意义，提升审美素养，增进教育情怀；熟悉幼儿园美术教育活动的设计思路；掌握组织和开展幼儿园美术教育的方式方法，做好儿童美术教育工作。

目　录

第一章　学前儿童美术教育概述

第一节　学前儿童美术教育的基本概念

一、美术

美术是最明显的人类活动之一。追溯历史，人类活动的最早痕迹是由视觉形式记录下来的。美术是人类获得想象、传递心愿和情感、美化环境的基本方法之一。在人类整个历史中，人们创造和运用美术来表达感情、交流观念。

美术是一门艺术，也称为造型艺术、视觉艺术或空间艺术，是运用一定的物质材料和手段，通过自己独特的艺术语言（线条、形体、色彩等）所塑造的静态的、在一定范围内展现视觉形象的作品，表达作者对客观世界具体事物的情感。正确理解这个概念，需要把握以下几方面的基本特点：

其一，美术活动必须借助一定的物质材料。也就是说，要进行美术活动，不仅需要运用人体的某些部分，而且还需借助人体以外的物质材料，如绘画需要运用笔、纸、墨、颜料、布、绢等，雕塑需要运用泥、木、石、铜、刀等。

其二，美术形象的存在方式依赖"空间"（平面或立体）。

其三，美术的基本表现形式是线条、形体、结构和色彩。

其四，感知美术形象要通过"视觉"。也就是说，美术活动通过塑造一定的艺术形象来反映客观世界和社会生活，作用于人的视觉感官，引起人们的情感律动，给人以美的享受，陶冶人们的思想情操。

可见，美术与戏剧、电影、音乐、舞蹈、文学等艺术有相同之处，即它们都是通过塑造一定的具体形象来表现客观生活和作者的主观感受，具有艺术的一般特征。但是美术又与其他艺术有不同之处，具有独特性。这主要表现在两个方面：第一，美术运用的物质材料与其他艺术不同。声乐用发声器官，舞蹈用形体，器乐用乐器，美术用的则是笔、纸、墨、刀、颜料、泥等工具材料。第二，美术的表现形式与其他艺术不同。音乐的基本表现手段是通过声音、音符组成的由听觉弥漫开来的感受；舞蹈的基本表现手段是经过提炼和艺术加工的人体动作、造型；而美术的基本表现手段是通过造型、构图、设色来创造可视的艺术形象。

美术作为人类文化的重要门类，在人与客观世界的不断适应、征服和改造的实践中诞生、发展并发挥着巨大的作用，现代美术已不仅指绘画、雕塑等纯艺术领域，还包括建筑、服装、工业造型等艺术设计领域。可以说在现代社会中，美术这一艺术形式已深入我们生活的方方面面。

二、美术教育

在现代社会中，美术教育获得了前所未有的发展和普及，这一切均得益于美术教育在现代社会中的巨大进步以及由此产生的巨大效应。现代美术教育不仅教学内容及门类多样化，而且分门别类地对美术文化的局部领域做更为细致深化的研究和发展。美术专业院校和系科的设立，有助于培养高质量的专门人才。同时，美术理论、美术史、美术批评等作为美术文化重要组成部分的知识体系也能通过一定的教育机构向学生传播，能更有效地促进其向精深发展。另外，现代美术教育能调动多种教学手段，从多方面刺激人的感官，激发思维，训练技能。

尹少淳所著《美术及其教育》一书中提出：美术教育的含义可以通过美术和教育两方面体现出来。根据对二者的倚重不同，我们可以相应地将美术教育分成美术取向的美术教育和教育取向的美术教育。美术取向的美术教育着眼点是美术本身，即由美术本位出发，以教育为手段，发展和延续美术文化，也就是借助一定的教育方式和手段，横向和纵向传播美术知识和技能，促进文化的发展。教育取向的美术教育着眼点在教育，即从教育价值的角度看待美术教育，以美术作为教育的媒介，追求一般教育学意义的功效，也就是通过美术教育有目的地培养人的道德感、审美趣味、意志、智力和创造性等基本素质和能力，以及进行心理疏导和艺术治疗等。这一观点为不同层面的美术教育的实施提供了较明晰的导向。

当然，在不同时代、不同国度，人们对美术教育的理解也不尽相同。仅从19世纪来看，德国与美国对美术教育的理解就差异很大。作为近代美术教育发源地的德国，从19世纪开始就比较重视美术对人的素质的影响，而将美术教育视为一门文化哲学的应用学科，其目的在于纠正科学理性主义给社会及人们带来的负面效应，以完善人格、表达个性、陶冶情操、提高民众的审美趣味。而美国的美术教育从一开始则带有浓郁的实用主义色彩，其目标主要是为蓬勃发展的资本主义经济培养有一定技艺的劳动者，同时也帮助人们从美的角度选择日常生活用品和服饰，美化环境，欣赏和评价各类美术作品，并发展每个人的创造能力。

三、学前儿童美术教育

我国学前儿童教育家陈鹤琴指出：游戏从心理方面说是学前儿童的第二生命……游戏从教育方面说是学前儿童的优良教师，他从游戏中认识环境，了解物性；他从游戏中强健身体，活泼动作；他从游戏中锻炼思想，学习做人。游戏实是学前儿童的良师。学前儿童从2岁左右起，受其内在动机的驱使，开始在平面上涂鸦，以其自身创造的视觉符号系统表现自己，以满足自身的需要。这种自由创造活动没有社会功利目的和社会实用价值，重视活动的过程而不重视活动的结果。从本质上讲，它是一种美术游戏，具有在游戏中发展和教育学前儿童的一般价值，又具有美术游戏所具有的特殊的教育价值。学前儿童美术教育与其他年龄阶段人群的美术教育具有许多共同之处，也具有一些不同之处，而最为本质的不同是，学前儿童美术教育赋予学前儿童自发的美术游戏以极大的教育价值，使学前儿童能在这种具有明显的审美特征的游戏活动中愉悦自己、满足自己、表现自己，使学前儿童人格的"种子"通过美术游戏这一自然生长的土壤得以发芽，为形成健全的人格奠定基础。

学前儿童美术教育具有美术教育的一般含义，但它又具有不同于一般美术教育的一些特征。学前儿童的美术教育可通过美术和教育两方面体现出来。一般来讲，学前儿童的美术教育是以教育为取向的普通美术教育为主，但又和中小学校的普通美术教育有所不同，学前儿童的美术是他们本真的生命活动。学前儿童的美术活动就是一种成长性需要的满足，没有直接的功利性，以活动过程本身为目的、为满足。从这个层面上来说，学前儿童的美术也是一种特殊的纯艺术的领域，它的着眼点是美术本身，即由美术本位出发的美术取向的美术教育。因此，以教育为手段，对学前儿童传授一些基本的、简要的美术知识和技能，在美术文化的意义上进行发展和延续也是必要的。当然，在教育的过程中，教师和家长不能用成人的审美标准和意志去规范和扼杀学前儿童与生俱来的创造性和绘画热情，使学前儿童的绘画失去学前儿童特有的天真、稚拙和淳朴。

众多哲学家、人类学家、心理学家和教育家试图论证，人的自我表现的一切形式，特别是艺术表现形式，与游戏是一致的。如康德（Immanuel Kant）认为，艺术是一种自由的游戏。德国教育家福禄贝尔（Friedrich Wilhelm August Froebel）认为，学前儿童游戏和艺术活动基本上是同一件事。他把艺术作为人的内部潜在力量的表现，一个沉醉于游戏中的学前儿童，正是根据其内在的需要和冲动，在最美地表现其生活。英国教育家斯宾塞（H. Spencer）也将艺术看成满足爱好和感情的、由内在动机引发的游戏活动。这种活动没有目的，超脱个人利害，具有唯美特征。席勒（Johann Christoph Friedrich VonSchiller）则确信，艺术，只有艺术，才能使人从精神的必然性中而不是从物质的需求中去获得自由。当代的两位著名美术教育家英国美术教育家里德（H. Read）、美国美术教育家罗恩菲尔德（V. Lowenfeld）也都相信，艺术和游戏在本质上有相通之处。所不同的是，罗恩菲尔德把艺术看成游戏的一种形式，而里德却把游戏看成艺术的一种形式。

事实上，一个尚未社会化的学前儿童，以其自身的思维和行为方式去适应社会是会遭遇很大障碍的。这就是说，在使自己适应一个以成人的兴趣、习惯和思维方式组成的社会的过程中，学前儿童不可能像成人那样有效地满足情感和智慧上的需要，因此，学前儿童需要游戏。在没有任何强制的条件下，学前儿童通过游戏实现在现实生活中得不到满足的需求。

总之，可以这样认为：美术取向的学前儿童美术教育是旨在延续和发展人类的美术文化而实施的教育的最初环节，这种价值取向将美术本身及其功能视为首要的东西。学前儿童阶段是实现这种价值的最初阶段，它为这种价值的完全实现打下了基础。而教育取向的学前儿童美术教育则着眼于教育，以美术作为教育的媒介，通过美术教育，追求一般学前儿童教育的价值。具体地说，就是通过学前儿童美术教育，顺应学前儿童的自然发展，保证学前儿童身心的健康成长，培养学前儿童的道德感、审美情趣、认知能力、意志品质以及创造性。

学前儿童美术教育立足于真、善、美的和谐统一，要求艺术渗透整个教育，使学前儿童能按照其本来面目健康成长，最终成为艺术的、完美的人。

第二节　学前儿童美术教育的基本构成要素

学前儿童美术教育的基本构成要素是指开展学前儿童美术教育的基本条件，包括学前美术教师、学前儿童、学前儿童美术教学内容及学前儿童美术教学媒体的使用。

一、学前美术教师

在学前儿童美术教育的基本构成要素中占主导地位的是学前美术教师。霍华德·加德纳（Howard Gardner）认为，艺术课程的教学，需要由精通运用艺术思维的教师或其他人担任。音乐教师必须能够运用音乐思维，不能仅仅依靠语言和逻辑的表达来诠释音乐。同样的原因，视觉艺术的教育必须交给那些善于用视觉或空间方式思维的人，通过他们的眼睛来进行。视觉艺术的教师如果还未具备这些能力，应该加入能提高此种认知能力的培训中去。在我国，对于现阶段和近期相当一个时期的学前美术教师来说，这种学习和修养的提高显得尤为重要。而相关的美术专业学习主要目的在于提高教师的艺术修养和鉴赏能力。学前美术教师并不是专业性很强的美术家，但必须是懂行的美术教育家。如现代教育要求教师实施绘画教育活动要从以往的"教"学前儿童怎样"画画"，改变为因势利导地启发学前儿童心智，打开艺术灵感的窗户。其实，这是回归美术教育的本来面目，艺术教育本身就是不可教的，要靠启发、感悟。那么，用什么方法才能因势利导，打开学前儿童艺术灵感的窗户呢？在此过程中，教师的判断能力非常重要。判断包括选择和评价两个方面。拿指导学前儿童绘画来说，选择怎样的题材是适合学前儿童的、与教学目标是相符的，怎样的评价是正确的、能激发和引导学前儿童学习和表达的积极性，处理好这些问题是一个学前美术教师的基本能力。在美术活动过程中会出现多种情形，如绘画所表达的内心情景是丰富多彩的，难以预料的，此时教师怎样因势利导，怎样根据不同学前儿童用不同的方式去打开他们幼小的心灵，为他们插上想象的翅膀，其间就体现了教师的专业水平和评价能力。

对学前美术教师而言，很重要的是要尊重学前儿童的思维特点、学习特点。启蒙性、趣味性教育是学前儿童美术教育的主要特点，要让学前儿童在游戏中愉快而主动地学习。学前儿童对直观形象的信息非常敏感，而且接受后终生难忘，因此，多让学前儿童接触各种生动的形象，提供大胆想象、充分表现形象的机会，则更能顺应脑波的发育，获得事半功倍的效果。此外，在学前儿童美术教育中过早地传授概念性的、理性的美术基础知识是不合适的，从学前儿童的身体发育来说，由于手部精细肌肉发育不完善，因此手指动作、手眼协调能力都还不强。从教学内容的组织到教学过程中各种工具材料的使用，从构思、设色到制作等各方面都需要注意启蒙性，即学前儿童美术教育主要侧重于使学前儿童接触和了解美术并从中得到乐趣。

教师的指导重点是帮助学前儿童充分想象，打开思路，保证他们形象思维的流畅性、多样性。学前儿童所描绘的东西，既有赖于他们已有的生活经验、意象的积累，也得益于他们自由的想象和大胆、无拘无束的表达。教师传授技巧时要自然流畅，无须刻意，这样学前儿童在每一次的创作过程中会不知不觉地积累和形成技巧，也就是说，要注重内在的引导。这对学前美术教师的专业修养和鉴赏能力而言将是一个考验。

二、学前儿童美术教学内容

学前儿童美术教学的内容是实现学前儿童美术教育目标的媒介，是美术教育目标能否达成的关键，也是整个美术教育发挥其价值的关键。美术教学的实施需要运用各种各样的工具材料，教师应特别关注工具材料的使用方式和使用安全性方面的教导。教师应充分了解学前儿童各发展阶段的具体特征，并根据这些特征安排教学内容。学前儿童美术教学的内容涉及绘画、手工制作和欣赏三大板块，它们各自独立但又相互联系。

（一）学前儿童绘画教学的内容

学前儿童绘画教学领域是教师引导学前儿童运用各种笔、纸、颜料等绘画工具和材料，用线条、色块、构图等艺术语言创造视觉形象来表达思想、情感的一种活动。学前儿童绘画教学的内容主要有以下两方面：

1. 绘画工具和材料的认识与使用

学前儿童在绘画活动中要认识各种绘画工具和材料，了解其性质，并能灵活地使用绘画工具和材料。

学前儿童经常使用的绘画工具和材料有可直接握在手中、运用简便的铅笔、水彩笔、蜡笔、油画棒等，还有需要和水粉笔、毛笔、排笔、铅画纸、宣纸、卡纸等多种材料一起使用的较复杂的水粉颜料等。这些工具材料具有不同的性质，如油画棒的油性和固体性、水粉颜料的水性和宣纸的渗透性等。

绘画的工具和材料多种多样，其使用方法也各不相同，学前儿童学习绘画的工具和材料的使用方法也有不同，如线描即笔和纸发生摩擦产生的线状痕迹，由此派生出各种各样形状的外轮廓、结构和肌理、疏密等。学前儿童通常喜爱用铅笔、水彩笔画线条，也喜欢用油画棒、蜡笔画出浓浓的、鲜丽的色块。

2. 学前儿童绘画的内容类型

从学前儿童绘画的内容来看，有反映个别物体的物体画，有反映一定情节内容的情节画，还有图案画等。教师应根据幼儿园绘画教学领域的特点及其不同的教育作用，开展以下四种类型的绘画教学活动：

第一类，临摹画。在范本的帮助下，加快学前儿童对图形的关注和表达能力，并在临摹的过程中把握一些基本的技能，使学前儿童较快地获得成就感，提高绘画的兴趣。

第二类，写生画。通过对实物的观察进行描绘，可以使学前儿童自觉地去注意周围生活中感兴趣的事物，帮助学前儿童提升观察能力和专注能力。

第三类，命题画。这种画是由教师出题目、提要求，学前儿童根据要求作画，着重培养学前儿童的想象力和视觉表达能力。

第四类，意愿画，又称自由画。它是由学前儿童自己出题目，按照自己的愿望和要求自由地作画；教师需做出适当的启发，充分活跃学前儿童的情感思维和视觉经验。

（二）学前儿童手工制作教学的内容

学前儿童手工制作教育活动是教师引导学前儿童使用各种手工工具、材料，运用剪、撕、贴、折、塑等手段制作出平面或立体的物体形象，从而发展学前儿童动作的灵活性、协调性，培养他们实际操作的能力以及工作的计划性和条理性的一种教育活动。

1. 学前儿童手工活动的工具和材料的使用

学前儿童手工活动的工具主要有剪刀、胶水、泥工板、小刮刀等，辅助材料包括点状材料、线状材料、面状材料和块状材料。

点状材料可用于作品完成后的装饰，如珠子、纽扣、果仁、瓶盖、豆子、石子、沙子等，也可通过串连、拼贴、镶嵌等方法制作成平面和立体的作品。

线状材料主要有绳子、线、纸条、橡皮筋、吸管、树枝等。线状材料可通过编织、盘绕、拼贴、插接等方法制作成平面和立体的作品。

面状材料主要有塑料片、纸、纸盘、布、花瓣、木板、树叶等。面状材料可通过撕、剪、折、卷、粘贴等方法制作成平面和立体的作品。

块状材料主要有各种材质的盒子、瓶子、球体，还有水果、蔬菜、泥块、石块、纸杯等。块状材料可通过塑造、雕刻、组合、挖、剪、拼接等方法制作成立体的作品。

2. 学前儿童手工制作活动的内容和种类

学前儿童手工制作活动的内容和种类主要有以下三种：

第一种，泥工。以黏土、橡皮泥、面团为主要材料，用手和简单工具制成各种物体（包括人物、动物等具有三度空间的立体形象）。

第二种，纸工。以纸（图画纸、蜡光纸、黄板纸等）为主要材料，通过折、叠、撕、剪、贴等各种手段制造出图样和形状。由于纸质不同和处理手段不同，可有各种各样的纸工活动。用较薄的纸通过折、叠手段成型的称为折纸；用彩纸通过撕、贴成型的称为撕纸；通过使用剪刀、粘贴成型的称为剪贴。

第三种，综合材料。用泥、纸、自然材料、废旧物品等综合材料，使用综合技能制成各种玩具。

（三）学前儿童欣赏教学的内容

学前儿童美术欣赏教育是教师引导学前儿童欣赏和感受美术作品、自然景物和社会环境中的美好事物，丰富学前儿童的审美情感、审美评价能力和审美创造能力的一种教育活动。

1. 学前儿童美术欣赏对象的类型

学前儿童可欣赏的艺术作品主要有以下几类：

第一类，绘画作品。画种包括油彩画、水墨画、水彩画、粉画、丙烯画、蜡笔画等。绘画题材包括人物、风景、静物、动物等。绘画的表现形式包括情景画、装饰画、卡通画、漫画等。绘画根据作画主体的不同，可分为成人画和学前儿童画。

第二类，雕塑作品。雕塑一般分为两种：一是圆雕，它是占有三度空间的实体，不用背景，从四周观看，有如现实中真的人物或形体；二是浮雕，即浅凸雕。浮雕又有高浮雕、浅浮雕之分。古代雕塑多取材于神话、宗教题材，近代雕塑的取材极为广泛。我们在公园里、小区景观中都能见到雕塑的身影。

第三类，实用工艺品。实用工艺品是指在造型和外观上具有审美价值，与人类的生活用品或生活环境相关的一类工艺美术品的总称。实用工艺品的范围极其广泛，主要包括三种：一是经过艺术处理的日常生活用品，如漂亮的绣花枕套、精致的床单、美观的玻璃器皿等，这些用品多是以实用为主，装饰为辅；二是民间工艺美术品，如竹编器件、蜡染织物、泥塑、木雕、剪纸等，既实用，又具有观赏价值；三是特种工艺美术品，如景泰蓝器皿、瓷器、玉雕等，它们采用的原材料比较珍贵，工艺非常精细，价格也比较昂贵，主要供观赏和珍藏之用。特种工艺品实际上已不具有实用价值，而是主要具有审美价值和艺术价值。

第四类，建筑艺术。建筑艺术可分为宫廷建筑、宗教建筑、军事建筑、公共建筑、民居或园林建筑、陵寝建筑等。

第五类，自然景物。自然景物是以地理、物象、水文、天象等为主的自然造化。自然界的景物千姿百态，美不胜收。日常生活中可供学前儿童欣赏的自然景物有很多，如动物、花草、树木、山谷、河流、星空、高山、海滩、冰雪、晨露、霞光、贝壳等。

2. 学前儿童美术欣赏活动中的基本知识与技能

学前儿童在美术欣赏活动中应掌握的基本知识与技能主要包括四个方面：一是美术欣赏方面的简单知识，如冷色、暖色、变化、对称等；二是用自己的语言对欣赏对象做出适当的描述；三是用各种"语言"表达自己对欣赏对象的感受和认识，如口头语言、形体语言（如动作、舞蹈、戏剧、哑剧等）、美术语言（色彩、造型、构图等）等；四是运用不同的艺术形式表达自己的感受和体验，如绘画、泥塑、粘贴、剪纸、撕纸等。

第三节　学前儿童美术教育的价值定位

学前儿童美术教育的价值定位对教育任务的明确、教育制度的建立、教育全过程的组织都起着指导作用。由于社会对教育的期待、受教育者本身的条件以及教育方针制定者所持哲学观点的不同，使教育价值定位呈多元化特点。这里从以下五个方面去理解。

一、为学前儿童提供自我表达与交流的工具

现代美术教育的工具论是以里德和罗恩菲尔德为代表的，其理论基础是卢梭的自然主义教育思想和杜威的进步主义教育思想。工具论者认为，学前儿童美术教育的目的是促进学前儿童的发展，因此美术教育要顺应学前儿童的发展，并注重过程。

卢梭提倡自然教育，强调要使人的教育适合人的本性。他在论述美术教育与人的发展之间的关系时，明确地反对临摹，提倡让学前儿童到优美的环境中去。

杜威认为，学前儿童的本能是他们获得经验的基础，而教育就是经

验的改造，因此本能可以作为他们的出发点。杜威认为，学前儿童有四种本能，相应地表现为四种活动：语言与社会的本能和活动、制作与建造的本能和活动、研究与探索的本能和活动、艺术的本能和活动。课程的设置应顺应这些自然的倾向，发展和满足它们，而不可压抑和违反它们。

苏珊·朗格（Susanne. K. Langer，1895—1985）[①] 认为，艺术是一种情感符号。学前儿童的美术中充满了情感色彩，如前所述，早在学前儿童使用笔、纸、颜料画画之前，他们的视觉就有明显的对色彩、形状等的审美偏爱，表现出一种情绪倾向。到幼儿时期，其心理发展的移情作用在美术欣赏中表现得更加明显，凡是有明显的形式美的、具有类主体结构又符合学前儿童自身的生活经验、愿望的美术作品就会使他们感到兴奋和满足。有时人们还会看到，一个学前儿童如果内心有一件重要的事情要表达，那么他在作画时往往非常激动，当然，画面上也就不可能很清晰地描绘所观察的物体，用这种方式作画有很大的价值，因为正是这种美术活动为紧张情绪的排除和大量能量的释放提供了一条途径。完成一幅美术作品本身既是成就的表现，也是表达情感的一种新形式。因此，美术活动过程与美术作品能够使学前儿童获得满足感，而这种满足感是个人成就感的重要源泉。现代心理治疗中的美术治疗，正是利用美术活动是情感表达和情感需要满足的这一特点把美术作为窥探学前儿童内心秘密的手段，并把美术作为化解学前儿童不良情绪的钥匙而加以使用的。

对于学前儿童，美术是其探索美术媒介，是使自我得以肯定的一条途径。学前儿童是天生的艺术家，人世间能与真正的艺术家媲美的只有学前儿童，这句话并不过分。年幼的学前儿童在美术方面常会表现出成

---

① 苏珊·朗格，德裔美国人，著名哲学家、符号论美学代表人物之一，先后在美国哥伦比亚大学、纽约大学等校任教，主要著作有《哲学新解》（1942 年）、《情感与形式》（1953 年）等。其艺术哲学全面继承、发展和完善了卡西尔的符号论，使符号论美学在 20 世纪四五十年代达到鼎盛，产生了巨大影响。

人难以想象的才能和潜在力量，他们有天赋的平衡感和秩序感，对具有美感的东西充满追求。由于学前儿童不受时空关系的束缚，没有美术技法的固定要求，也不受客观情理的限制，他们可以在创作过程中完全自由自在地流露自己的思想和情感，表达自己的意愿和对未来的希望。因而，他们的美术作品常表现出没有雕琢过的学前儿童心灵的纯真，具有直截了当的思考和欲求，这就使其作品有可能达到别开生面的艺术境界。

所以我们说学前儿童所具有的先天的艺术潜质，可以在适当的教育的激发和影响下得到很好的发展，而学前阶段正是对学前儿童进行艺术教育的关键时期。

二、发展学前儿童的创造力和想象力

罗恩菲尔德极力主张美术教育对培养学前儿童创造力的价值，他明确地说明了自己的观点：在艺术教育中，艺术只是一种达到目标的方法，而不是一个目标；艺术教育的目标是使人在创造的过程中变得更富于创造力，而不管这种创造力将施用于何处。美术教育除了具备其他学科教育所具有的一般智育功能外，还具有其他学科教育所不具有的智育功能特点，主要表现为给学前儿童提供一种有别于抽象思维形式的直觉思维，这种直觉思维是感性的，但积淀着理性，还表现为引导学前儿童对感性形式及其意味的整体把握和领悟，这种引导有益于形象、想象等方面能力的培养。

每个学前儿童都有创造的潜力。在学前儿童美术发展过程中，从涂鸦期学前儿童的乱涂开始，逐渐画出一个东西并给它命名，到象征期的学前儿童为事物象征性地再造一个多半是不完整的、粗略的轮廓形象，再到图式期学前儿童用画来表达多种概念或凭自己的主观经验重新组合、加工变形的画面等，都显示出他们独特的创造力。显然，这种创造力与成人所显示的创造力是不同的。成人的创造力是指其在社会、文化等方面带来的某种质的变革的能力，而学前儿童的创造力是指创造出对其个人来说是全新的、前所未有的事物的能力。具体地说，学前儿童美术活动中的创造力是指他们利用物质材料及过去的经验并加以重新组合，制作出对其个人来说是新颖的、有价值的美术作品的能力。这种能力不仅在作品中反映出来，而且从其制作的过程中显示出来。在学前儿童的美术作品中，成人规定的有关美术创作的许多条条框框被打破，出现一些在成人看来既可笑又非常可爱的现象，如不合逻辑的构思、不合比例的造型、主观想象的色彩、随意安排的空间构图等。这种超常规的、独特的现象，体现出学前儿童大胆的想象和神奇的创造力。在学前儿童的美术创作过程中，他们先是通过感官对外部世界的审美客体进行有情感的感知，继而是视觉和大脑的理性思维对感知获得的审美经验进行加工，伴随审美经验在记忆中的储存，再经过手的技能运作活动，创造性地用作品来传达内心活动，而这一过程又带有明显的个人色彩。因此，可以说，学前儿童的美术作品及其创作过程充分表现了他们的创造力。在学前儿童美术教育中，教师引导学前儿童以自己的眼光观察和感受美术作品的造型、色彩、构图，观察周围环境中事物的结构、特征、运动模式，并通过语言的描述，让学前儿童把通过审美感知所把握到的整体的艺术形式和自然形式在头脑中形成表象。当学前儿童开始运用色彩、形状创造形象时，教师又启发他们对自己头脑中的表象进行加工、改造，并加入自己大胆的想象，形成全新的审美意象，运用艺术语言在作品中创造性地表现出来，使得学前儿童的美术作品显示出稚拙的情趣和成人美术无法比拟的独特魅力。而教师对这种创造性的美术作品的赞赏和鼓励必然会使学前儿童对美术创作活动产生更大的兴趣，从而更进一步地促进其创造能力的发展。

三、培养学前儿童的艺术审美能力

学前儿童的美术活动是一种手、眼、脑并用的活动，美术活动需要他们用多种感官去感知审美对象，用脑去想象、理解、加工审美意象，用语言去表达自己的审美感受，用手操作美术工具和材料去表现自己的思想情感和所见所闻。在教师的引导下学前儿童学习如何积累内在图式，如何生成绘画所需的心理意象，如何使用美术工具和材料，如何组织画面等形式语言和技能。这种手、眼、脑并用的心理操作和实际操作，促使学前儿童手部小肌肉群逐渐发育成熟，使手、眼、脑逐渐协调一致，同时也使他们对多种美术工具和材料的使用逐渐变得游刃有余，艺术审美经验逐渐丰富。

学前儿童美术教育是学前儿童美育的主要途径之一，教育取向的学前儿童美术教育的特殊的及主要的教育功能毫无疑问体现在审美方面。具体地说，学前儿童美术教育旨在培养学前儿童的审美观，丰富审美感情，发展他们对美的感受和理解能力。

德国教育家福禄贝尔十分重视美术对学前儿童美感的培养和性情的陶冶。他认为，绘画对学前儿童的发展是很有价值的，不论学前儿童或成人，其绘画的技能都是天生的，都需要进一步发展和培养。学前儿童爱好绘画，对于绘画有一种本能的欲望，学前儿童在绘画过程中会感到欢愉和满足。福禄贝尔认为，作为一个终极的统一体，艺术纯然是人的内部的表现。学前儿童具有艺术修养，并不是说学前儿童必须专门学习艺术，成为艺术家，而是说他要懂得艺术。由此可见，福禄贝尔将美术教育主要看作是对学前儿童精神世界中心灵和情操的开发，对学前儿童心灵美、情操美对于学前儿童发展的影响赋予了很高的评价。席勒指出，包括美术教育在内的美育，是使人从感觉的被动状态到思想和意志的主动状态过程中的一个不可缺少的桥梁。要把感性的人变为理性的人，唯一的途径是先使他成为审美的人。席勒还指出，现代文化最大的弊病是抑制人性，而美育则能弥合人性的分裂，使人性变得完善。美术教育的美育功能是由美术的审美结构和特点所决定的。在美术教育中，学前儿童在视觉形象的欣赏、表现和创造活动中领悟审美思想和审美形态，从而逐步完善自己的审美心理结构。

学前儿童视觉审美能力的培养，是通过对学前儿童实施美术教学而不是美术游戏得以实现的。学前儿童美术教学虽然还只能局限于较低的层次上，但是同样需要通过对形体感、色彩感、线条韵律感、材质感、构图感和空间感等方面的培养，使学前儿童从视觉形象的欣赏、表现和创造性活动中获得审美教育。在美术教学中，学前儿童所表现的自由不像其在游戏中那样局限于自身的经验，而是一种经过修正的、理想化的现实。学前儿童从经验、观念到情感的这一过程在艺术化的过程中得以完成。由此可见，美术教学不仅在现实生活层面上，更重要的是在对美的追求的层面上，使学前儿童逐渐感受和理解真、善、美，排斥和去除伪劣、邪恶与丑陋的事物，引起学前儿童的情感律动，给学前儿童以美的享受和性情的陶冶，促使学前儿童在认知、情感等方面得到健康的发展。

学前儿童对于美术有一种自然的需要，他们喜欢涂涂画画，正是这种需要的表现。学前儿童时期，其心理发展的一大特色是自我中心，因此，他们常常不自觉地把自己的情感投射到客体上，使僵死的无机世界生命化。例如，他们把满天的繁星看成万盏点亮的小灯，把汽车前部的灯看成一双眼睛。这种移情作用为学前儿童美术教育提供了心理基础，而美术活动则为学前儿童提供了一个情感沟通与满足的机会，从而使美术活动成为他们喜爱的活动。在美术欣赏教育活动中，教师为学前儿童精心选择美术作品，引导他们亲身体验和感受其审美特征，促使他们内心情感与美术作品所表达的生命运动的力的模式达到同构，满足其审美情感的需要，产生审美愉悦，增强他们对审美感受的敏感性。在美术创作教育活动中，教师为他们创设宽松的心理环境和充满情感色彩的审美环境，学前儿童可以用绘画或手工这种外在的符号形式尽情地、自由地表达自己的观点、抒发内心的情感，感受用美术与别人交流的喜悦，从而获得一种精神上的满足，一种因自我肯定而产生的愉悦感，并由美术这种符号化的人类情感形式泛化到生活的其他领域，丰富和发展学前儿童的情感世界。按照美的标准和美的规律，将他们感受世界的审美能力转变为内心需要和自我发展的内在动力，成为行为的一种内在自我调节，使其人格得到健全、完善的发展。

美术是通过绘画、雕塑、工艺、建筑等作用于视觉的艺术，它作为审美对象在于审美意识、审美经验的视觉形态化，各种视觉造型的形式因素，如点、线、面、形体、结构、空间、色彩、构图、肌理、材质等，按照一定的构思组合成视觉形象的艺术整体。在造型、造意、造境的过程中，审美理想与审美经验必然凝聚其中，可以说，美术视觉形式无不包含着审美内容，静态中蕴含着动态的力。在美术教育中，通过对形体感、色彩感、线条韵律感、空间感、构图感、材质感等直接感性方面的培养，使受教育者在视觉形象的欣赏、创造活动中，领悟深层的审美理想、审美形态和审美内容，从而培育自己的视觉审美能力。

四、促进学前儿童智力发展与全面和谐的成长

一些思想家、教育家也认识到美术教育具有发展智能、培养创造意识和形象思维的教育功能。

法国启蒙思想家卢梭从美术教育的教育学意义出发，更多强调美术教育的智育功能。他认为，美术教育的着眼点不在于美术本身，而在于使学前儿童获取正确的视觉和敏捷的手法，以帮助他们更好地认识和把握周围的一切。人的发展是完整、全面的，任何教育都应该着眼于人的全面、平衡、健康的发展，着眼于人的潜能的自由、充分的发挥和提高，使之具备健康的体魄、丰富的知识和能力结构、良好的道德修养、高尚的审美修养、充沛的活力，即在德、智、体、美、劳几方面都得到全面、和谐的发展，真正成为富有生机活力的生命个体。

而审美教育正是以完整的人为对象，把培养个体的审美修养作为领域目标，把个体的自由、全面、和谐的发展作为终极目标。同时，审美教育还渗透于德、智、体、美、劳全面发展过程中，更好地发挥育人作用。个体道德修养的提高，固然需要一定的外在的规范，但只有当外在的规范为个体内在主动、自觉地追求，融道德于情理之中时，这样的道德才真正有效，个体的道德水平才能得到切实的提高。可以说，个体特别是学前儿童各方面的培养和提高，都离不开美育的因素，审美教育是

全面发展教育不可缺少的组成部分。所以，学前儿童美术教育可以作为学前教育各领域内容相互渗透的载体，也就是说，艺术应为教育的基础。教育的目的是在发展独特性的同时，也发展个体的社会意识。

五、作为一种有效的文化活动

广义的学前儿童美术教育作为一种社会文化现象，也包含对整个社会文化环境间接的影响作用。如通过学前儿童美术教育和学前儿童美术作品去影响社会文化氛围，改变生活和生存环境，发展和延续美术文化。

学前儿童美术教育活动的目标直接或间接地反映着社会文化对学前儿童美术教育的要求，或多或少地打上时代的烙印。社会在任何时代都有这样的要求，即把社会文化遗产传递给下一代。作为社会文化的一个组成部分，美术历来被视为人类文明的精华和标志，有必要将美术加以传递、保存和更新。美术教育除了激发学前儿童的爱国主义精神，培养学前儿童的精神文明行为之外，还在于通过美术教育能对整个社会文化环境产生一种间接的、潜移默化的影响，甚至有可能在教师的引领下直接参加到一些社会性的文化活动中去，影响和改变人类的生存环境。

现代社会，工业化、都市化、信息化给人类生存的自然环境和社会环境造成了翻天覆地的变化。时代和社会的巨大变迁，一方面可能意味着由厌烦、沮丧和腐化而导致的个人颓废与社会败坏；另一方面也蕴含着使个体、群体发挥创造力和表现力的极大可能性。美术教育的社会终极目的在于造就一代有艺术修养的高素质的公民，并在充满挑战和机遇的现代社会中，能营造和谐美好的社会物质环境和精神环境，消除现代文明给人类带来的负面影响。美术是人的情感和思想的载体，它具有体验、交流和共鸣等特征，能使人通过它在感情和思想上形成联系，这种联系往往是超越时空、超越种族的。它能使社会的每一个成员心心相印、息息相通，从而使个体以平等的权利、自由的姿态、独特的方式和快乐的心境介入与他人、群体、社会、历史乃至全人类心灵交流的系统之中。包括美术教育在内的艺术教育，在这方面所表现出来的整体性、超越性、自由性等特征是其他科目的教育所不能及的。正如瑞士心理学家荣格（Carl Gustav Jung）所说，只有在艺术中，人们才理解到一种能允许所有的人都去交流他们情感的韵律，从而使人结合成一个整体。学前儿童美术教育应使学前儿童能从美术的角度，为在情感和思想上有资格介入人类心灵交流的系统提供必要的准备。

美术是文化的重要组成部分。美术作品不仅是个人的创造物，而且也是产生美术文化的文化制度（社会、政治、道德、经济等）和文化观念（由信仰、认识论、审美观、伦理观等组成的价值观体系）影响的产物。对本民族文化传统的传播和发展，对外来文化的兼容和吸收，从根本上优化全社会的文化艺术环境，形成现代审美文化观念，这是美术教育的一个不可或缺的内容，学前儿童美术教育也应为此做出必要的准备。

第二章　学前儿童美术技能
与创造力协同发展研究

第一节　学前儿童美术技能
与创造力协同发展相关基础理论

学前阶段是一个人美术素养发展的黄金时期。学前儿童身上与生俱来着巨大的艺术潜能，他们在美术方面所呈现的最初状态，与成人杰出艺术家有颇多相似。这是我们对学前儿童美术能力的基本认识与"估价"，也是我们进行学前儿童美术教育的前提。于是，我们在学前儿童美术技能与创造力发展和教育的问题上，就有了这样一个基本信念：在正确理解二者内涵基础上，不阻碍其发展，协同发展。即先做到不抑制美术技能与创造力的发展，不成为其协同发展的阻碍，在这一前提下，提供适宜的条件，促进和推动学前儿童更好地发展。

一、基本概念

（一）学前儿童美术技能的内涵

1. 学前儿童美术技能的界定

技能是根据所确定的目的、利用已有经验和实际熟练程度来选择和实现动作的方法。也就是说，技能标志着掌握和使用主体已有经验和熟练、有目的地调节活动所必需的心理操作和实际操作的复杂系统。我们把它分为四个方面：

（1）手的动作，如手眼协调、手的控制能力；

（2）对工具和材料的理解与运用；

（3）对外界信息的掌握；

（4）对色彩、形状和空间等形式要素的认识与使用。

学前儿童美术技能可以作以下理解：一是指以学龄前学前儿童为主体进行的活动所反映出的知识技能；二是年龄限制在六岁以前；三是学前儿童美术技能与成人美术技能有很大不同。随着年龄的增长，学前儿童逐渐积累了日常看到、听到、亲身经历的外界事物的一些粗浅知识，手部肌肉的协调能力不断得到增强，能更灵活地运用美术工具与材料，对美慢慢有了自己的理解与追求。

2. 学前儿童美术技能教育内容

幼儿园美术技能教育内容一般可分为绘画、手工和欣赏三个部分。绘画方面主要是指引导学前儿童使用笔、纸等绘画工具和材料，运用线条、形状、色彩、构图等艺术形式语言创造可视的、平面的或有空间感的艺术形象。手工方面主要是指通过教师引导学前儿童使用不同的手工工具和材料（如点状、线状、面状、块状），运用粘、撕、折、塑等手段制作不同形态的物体形象，培养学前儿童的审美创造能力和动手操作能力。欣赏方面主要是指引导学前儿童欣赏和感受美术作品、自然景物和周围环境中的美好事物，丰富审美经验，培养其审美情感和审美评价的能力。

（二）学前儿童美术创造力的内涵

1. 学前儿童美术创造力的界定

创造是指在破坏、否定和突破旧事物的基础上，建构并产生新事物的活动。每位学前儿童都有创造的潜能。学前儿童的创造力与成人所显示的创造力不同，成人的创造力是指为社会、文化等方面带来某种质的变革的思想或产品的能力，而学前儿童的创造力则指创造出对某个人来说是全新的、前所未有的想法或产品的能力。学前儿童美术创造力是指他们在头脑中形成审美心理意象，利用美术工具和材料将它们重新组合，创作出对某个人来说是新颖独特的美术作品的能力。

2. 学前儿童美术创造力教育内容

创造贯穿于所有的美术教育过程。学前儿童美术创造力教育内容主要包括：一类是可视形象的创造。这就是我们经常看到的学前儿童绘画作品、手工作品中那些似乎不符合逻辑的构思、不合比例的造型、主观想象的色彩、随意安排的空间构图等。由于它的可视性，这一类外显的创造常常是我们关注的对象。另一类是审美心理意象的创造。它既出现在艺术欣赏活动中，又出现在学前儿童的艺术创作活动中。这是学前儿童基于自身的审美需要和审美能力在特定、具体的审美理解活动中的一种创造。由于它的不可视性，如果对学前儿童和他们的作品缺乏足够的了解和重视，这种内隐的创造常常被成人所忽视。而这类创造又恰恰是前一类创造的前提。

（三）美术技能与创造力的关系

观念出方法，方法出效果。因此，想要有完美的结果，必须先解决认识层面的问题即关于美术技能与创造力的关系问题。它一直是美术教育理论与实践中争论颇多的一个问题。那么，它们之间究竟有什么关系呢？

1. 美术技能是创造力培养的基础

美术技能为创造力的发挥提供了技术基础和手段。如果缺乏美术技能作为支撑，美术创造力的发展将受到制约。从美术技能所包含的因素来看，一方面，更多的、适当的、经过编码的知识经验储存，可以增加良好反映的可能性；另一方面，熟练程度越高，操作越灵活，重新组合出的新的事物或思想的可能性也越多。教学实践证明，学前儿童参与美术活动时，手部肌肉动作越协调，对操作材料的性质和用途了解越多，对形状、颜色、空间和外界信息的认识越全面，其通过头脑加工创造的美术作品就越能反映出学前儿童自我的体会和认识，应该说美术技能为美术创造力的发挥提供了必要条件。

2. 美术创造力是技能发展的体验

美术创造力培养过程是技能有效练习的过程。对学前儿童来说，只要不是照抄临摹或手把手一笔一画地教授，每次制作或绘画，他们都能表现出一些新的东西，其中或多或少都有创造的成分。正如一位戏剧教师说："一个人在游戏时得到快乐与兴奋的那一刻，正是技巧得以进步的时刻，这就是真正易于专注于某种技巧的时刻。"① 我们知道，学前儿童在完成任务时，难免会遇到需要克服的困难，这种困难大多是美术技巧性的知识缺乏，学前儿童通过教师的引导、指导克服困难的过程，就是一个美术技能技巧的学习过程，在这个过程中他们很自然地熟悉和掌握了某种美术创造所需的技能。这样，学前儿童在掌握美术技能的同时，美术创造力的发挥会更充分。

二、理论依据

美术教育是一个实践性和理论性都很强的研究领域。要解决教师、家长在对学前儿童美术教育方面的认识偏颇，要有扎实的理论基础作为研究支撑，才能有足够的说服力来纠正偏颇认识。

（一）整体论

英国哲学家斯马茨 1926 年在《整体论与进化》一书中率先使用整体论，它被视为一种用系统的、整体的观点考察生命现象和宇宙间一切事物的理论。幼儿园教育的对象是人，人的生命是一个双重存在，即作为个体的物种的延续而具有本原的自然生命与超越自然生命而上升至意义生命、价值生命的统一。幼儿园教育的最高价值在于培养全面发展的人，这种全面发展的人就是完整人格的人或健全人格的人。

学前儿童发展应该被看成一个有机整体。有机整体在这里既强调学前儿童发展的主动性，又强调学前儿童各方面发展相互影响的必要性。

学前儿童能够主动地观察、探索、模仿和表达，也能够主动地在这些美术实践活动中展现其个性和共性。教师在创造美术教育的环境、组

① 边霞. 学前儿童的艺术与艺术教育 [M]. 南京：江苏教育出版社，2006：177－186.

织美术教育的活动和进行美术教育活动评价时，尽可能地赶超学前儿童、了解学前儿童、理解学前儿童，避免主观、片面地去设定学前儿童的发展需要。而且这些需要的满足，对学前儿童发展的影响具有整体性的意义。

（二）多元智能理论

多元智能理论是美国心理学家霍华德·加德纳提出的。该理论的主要观点是：人的智能可以再被精细地看成由八种相对独立的下位智能构成的一个复杂整体。这八种智能分别是数理逻辑、语言、音乐、空间、身体运动、自我认识、人际关系、自然观察。每个人在特定的阶段所拥有的这些下位智能的发展智能、顺序、速度和实际发展的程度不同，他的智能的内容结构不同，他学习和处理各种实际问题的方式就不同，在不同实践领域中所表现出来的优势或劣势也会不同。教育应该认识到个人的这种独特性，充分尊重个人的这种独特性，并根据个人的这种独特性来为个人学习提供适宜的支持。多元智能理论在教学中的应用表现在以下几个方面。

（1）积极乐观的学前儿童观。所有学前儿童都有自己的优势智力领域，有自己的学习类型和方法，教师、家长需要以积极、乐观的心态看待每一位学前儿童。

（2）因材施教的教学观。根据学前儿童美术教育规律，遵循既面向全体又因材施教的原则，针对不同的学前儿童、不同智力特点的学前儿童因材施教，建议教师的教学方法和手段根据不同的教学内容而有所不同。即便是同样的教学内容，教师也需要根据不同的教育对象，运用适宜的教育方法与手段，促进每一位学前儿童在原有水平上有所提高，促进学前儿童全面发展。

（3）多元的评价观。多方面去观察、去评价、去分析学前儿童美术技能与创造力发展的优点和弱点，并把这些过程性的资料，作为教师、家长选择和设计活动内容与方法的依据，使评价真正成为促进每一位学前儿童充分发展的有效手段。

（三）协同发展理论

1. 协同发展的基本含义

协同发展是对协同概念的推广和应用，是发展概念的扩展、延伸和演化的结果。从发展到协同发展是对发展的实践—认识—再实践的过程，是各要素不断协调、共同优化的演进过程。协同发展，顾名思义，就是通过协同方式实现的发展，亦即协调（协作）同步发展之意。但协同与协调、协作等所表达的意思又有明显不同，如表 2-1 所示，协同是系统与系统之间、系统与子系统之间、子系统与子系统之间的一种和谐状态，通过系统的协同发展，在促进他人发展的同时实现自我发展，是系统的最高目标，也是发展的一种理想境界。

表 2-1　协同与协调、协作

词汇	含义	焦点
协同	各子系统间的非现行复杂相互作用，以使整体实现单独所不能实现的效果，即"1＋1＞2"	强调产生单独所不能的整体效果
协调	和谐一致、配合得当互相配合，共同完成某项任务	和谐、得当
协作合作	二人或二人以上共同达到目标	配合完成
匹配互动	配合、搭配、适合相互作用的行为或过程	适合相互作用

协同发展是研究在一个开放系统中，在外界控制参量的作用下，系统内部各子系统之间既竞争又合作的关系，当控制参量达到一定阈值时，各子系统自动产生一种合作型竞争关系，使它们结合在一起自行演化发展为更具竞争力及关联性的系统，而且在空间、时间、功能上更为有序的结构。

可见，协同发展如协同一样，涉及人类社会生活和自然界的各个领域，研究开放系统从无序走向有序的规律与特征。协同发展揭示了开放系统形成有序结构的共同规律：一方面保障了系统的整体发展，另一方面又为个体的发展创造了条件。实际上就是通过系统自组织，实现系统或组织的协调与引导，或是营造出更为有利的外部条件。

2. 协同发展理论的主要依据

要搞清楚协同发展，我们首先要认识一个与之紧密相关的概念，那就是"协同学"。因为协同学就是致力于系统的协同发展的，认识了协同学，也就认识了协同发展。

协同学是关于理解结构是如何产生的一门科学，即关于动力学的科学。协同学的最终目的就是使系统通过自组织形式形成协同力，使组织协同得到优化，而协同力效应主要体现在人力、设备、资金、知识、技能、关系、品牌等资源的共享、互补、协同。协同力的形成和协同效应的产生是协同发展中的核心概念，二者在协同发展中所占的地位可见一斑。故协同学的核心思想就是通过协同导致有序，形成协同效应，即组成协同学的最为关键的三大原理（协同效应原理、自组织原理、绝热消去原理）之一，而其中协同效应原理是协同理论关键中的关键。协同（学）理论就是在系统论、信息论、控制论等理论基础上，针对有意义的信息，使各个要素同步、合作、互补，从而实现复杂系统整体结构和整体功能的优化，使整体功能大于各部分之和。协同学关注的是如何协同系统内的各子系统，使它们协调一致即通过自组织进入有序状态，从而产生整体的效应。学前儿童美术技能与创造力协同发展，从以下几个方面进行理解。

一是综合利用幼儿园美术教育阵地，通过对目标、教学设计、组织实施、评价等的有效整合，使之发挥超强效用的能力。具体来说，首先，就是根据艺术领域总体目标与要求，将总体美术教育目标分解到每一个年龄阶段。这是因为，只有教师心中有明确的目标，使得美术技能与创造力的培养有序进行，这样才能更好的产生协同效应，从而达到各年龄阶段之间、年龄阶段美术技能要求与创造力培养之间的协调、同步、合作、互补的关系，使之存在着相互作用，表现出美术技能与创造力发展整体效应增强，美术目标系统从无序走向有序状态，即协同导致有序。其次，教师务必遵循学前儿童认知规律和年龄阶段特点，全面把握学前儿童美术教育自身的规律，根据各年龄阶段目标要求，筛选美术活动内容，优化美术教育活动的组织与实施，采取有效的美术教育评价手段，不断改进和完善学前儿童美术教育。

二是充分挖掘家庭、社会美术教育等各种资源，初步构建幼儿园、家庭、社会美术教育的联动机制。无论是幼儿园还是家庭、社会美术教育，无一不是由生命体构成的。因此，为了使各种资源发挥更大的效益，使教师、学前儿童、家长融为一体，使生命体的力量得以自然发挥，聚集成协同力，创设美术教育良好的外部环境，应将幼儿园美术教育向家庭、社会和自然中拓展，形成美术教育的协同力，产生美术技能与创造力培养的协同效应，从而实现学前儿童美术技能与创造力互相配合、协同发展的目的。

第二节　学前儿童美术技能
与创造力协同发展的对策

学前教育是基础教育的有机组成部分，是学校教育制度的基础阶段。美术教育是幼儿园教育的重要内容。

"美"这个关键词是美术教育的核心，学前儿童美术教育的目的就是希望通过美的形象的塑造和对美的欣赏来陶冶学前儿童美的心灵，提高他们感受美、表现美、创造美的能力，使他们的身心得到健康的发展。美术语言及表现形式所彰显的美是丰富的，如线条美、色彩美、结构美、形象美、构图美、造型美、材料肌理美、对比美、协调美等。只有使学前儿童在美术技能和创造力方面协同发展，才能使艺术这个"美"的种子在学前儿童的心中扎根、开花。结合幼儿园艺术领域教育核心，应在"美"字上做文章。目前，在学前儿童美术教育中还存在许多问题和不足，影响了学前儿童美术技能与创造力的协同发展，需要引起幼儿园、教师、家长的高度重视。

想要使学前儿童美术教育获得它应有的教育功能，仅仅依靠幼儿园实施是远远不够的，还需要与家庭、社会等教育资源的密切配合，使幼儿园、家庭和社会三者形成教育合力，建立起一个有效的运行系统。本文提出以幼儿园美术教育为主体，拓展家庭、社会和自然中的美术教育空间的实践思路，初步建立幼儿园、家庭、社会美术教育的联动机制。本节从三个角度五个方面，给予具体的、切实可行的对策与建议。一是不断改进和完善幼儿园美术教育，探索美术教育目标与活动方案设计、活动组织与实施、美术教育评价的对策；二是不断提升在职教师的美术专业能力，建议采取园本研修的策略；三是不断拓展家庭、社会美术教育，将幼儿园教育活动延伸下去。

一、拟订适宜的美术教育目标与活动方案

一个开放的复杂系统的协同是多角度、多层次的，牵涉到系统内的方方面面，其协同发展也是多方面的协同发展。因此，首先要理清为实现系统总目标所需要协同的各子系统，方能实现系统的全面协同发展。同样，美术教学系统也需要协同发展，为完成幼儿园阶段美术教育目标，需要将目标分解到各年龄阶段，从而实现学前儿童美术教育系统的全面协同发展。在此基础上，让一个又一个教育活动得以落实。

（一）科学合理拟订各年龄阶段美术教育目标

《幼儿园教育指导纲要》（以下简称《纲要》）在艺术领域教育目标提出：能初步感受并喜爱环境、生活和艺术中的美；喜欢参加艺术活动，并能大胆地表现自己的情感和体验；能用自己喜欢的方式进行艺术表现活动。

根据《纲要》对艺术领域提出的教育目标与要求，我们在遵循学前儿童认知特点与美术教育规律基础上，确立幼儿园美术教育的总目标：通过线条、形体、色彩等要素，初步感受周围环境和美术作品中的形式美和内容美，提高学前儿童对美的敏感性；通过各种造型要素自由地表达自己的感受，让学前儿童体验美术创造的乐趣；初步尝试不同美术工具和材料的操作，并用自己喜欢的方式大胆地表现出来。

在这一目标的指导下，再逐一分解到各年龄阶段，提出适宜的美术教育目标（表 2-2）。在各年龄阶段美术教育目标中，要关注到学前儿童情感、

态度、价值观、知识与经验、能力等方面的美术教育目标，各年龄阶段美术教育目标里包括学前儿童美术技能与创造力目标与要求。

表2-2　2～6岁学前儿童各年龄阶段美术教育目标

年龄段	目标		
	绘画	手工	欣赏
2岁～ 2岁半	1.喜欢用点或不规则的线条随意地涂涂画画。 2.有初步的色彩意识。 3.能够画出简单的直线、倾斜线、锯齿线、螺旋线等。 4.学习画直线和曲线，初步形成直线和曲线的概念。	1.愿意摆弄手工材料和工具，初步具有收拾材料和工具的意识。 2.喜欢玩玩具，对捏、揉、搓、撕等手工活动感兴趣。 3.能够把积木任意地堆放、叠力，高。 4.初步学习与同伴共同进行捏、揉、搓、撕等手工活动。	1.喜欢周围生活中美的事物。 2.愿意参加美术欣赏活动，对美的事物有初步的感受力。 3.学习在成人引导下，边指边观察画面。
2岁半～ 3岁	1.对环境中的色彩、线条、构图等产生兴趣。喜欢在画完后涂上色彩鲜艳的颜色。 2.能够根据笔的运动方向，在纸上反复地画圆圈。 3.学会正确的握笔绘画方式，逐渐做到手眼一致。学会从画杂乱的线条过渡到画小型的、有一定规则的线与圆。	1.乐意独立或在成人的帮助下完成手工作品，并愿意表达自己想法。 2.能运用手指。手腕的活动进行折叠、粘贴、拼搭、串珠、搓泥等操作。 3.能用积木拼搭生活中简单的物体。 4.学会边对边的折叠方法。 5.了解泥、纸、浆糊的特性，学习正确地使用和整理材料。	1.在观察漂亮的图画中产生愉快的情绪。 2.喜欢欣赏花草树木。 3.对美的事物有初步的感受力和表现力。 4.能简单表述图片、图画书中个别形象的特征。 5.尝试欣赏色彩鲜明，造型简单的物品，学习用简单的语句表达。
3岁～ 3岁半	1.喜欢涂涂画画，萌发对色彩的兴趣和大胆自由画画的兴趣。 2.能画出单个物体的基本形状和主要部分。 3.初步认识并学会使用常见的绘画工具和材料。 4.尝试在涂抹过程中把画面画满。	1.喜欢参加手工活动，愉快地自由进行涂、画、剪、捏、撕、贴、折、印等活动。 2.能运用"对齐"、"抹平"的方法折纸，能够独立完成涂、画、剪、捏、撕、贴、折、印等活动。 3.学会简单的涂、画、剪、捏、撕、贴、折、印等方法，初步掌握安全使用剪刀的技能。	1.喜欢观看、欣赏艺术作品，欣赏完作品后有尝试自己动手画画的欲望。 2.能够辨认出画面中的不同颜色，并说出颜色的名称。 3.初步运用动作、表情等表达自己欣赏后的感受。 4.学习简单地描述作品内容，尝试逐步说出自己的感受。

年龄段	目标		
	绘画	手工	欣赏
3岁半～4岁	1.对色彩感兴趣,体验色彩的变化美,能够把涂鸦画与自己的生活联系起来。 2.学会辨别3—6种颜色,初步探索涂色的方法。 3.能分辨空间方位上、下,并将其用绘画形式表现出来。 4.初步学会用图形和线条组合,表现自己熟悉的事物,有表达自己对事物的理解的初浅能力。	1.对多种美术材料和工具感兴趣,愿意用简单的材料表达自己的感受。 2.能把简单图形粘贴在作品上。 3.学会简单的折叠方法(如对边折、两边向中心折、对角折)。 4.学会用搓、团圆,压扁,粘合等方法,简单地塑造一些物体,并能按自己的意愿塑造。 5.用身边常见的物体进行简单的造型活动。(如火柴、豆类等)	1.喜欢日常生活中色彩鲜艳、造型美观的美术作品,有认识了解的愿望。 2.对动画片、图书中的各种形象感兴趣,乐意和同伴讲解。 3.能够简单说出所欣赏画面的内容。 4.能根据自己的喜好来评价作品。 5.初步了解中国传统民间艺术品。
4岁～4岁半	1.喜欢用水彩笔或彩色铅笔来直接绘画,辨别几种常见的颜色,并乐于为物体涂色。 2.能用图形和色彩表现自己熟悉的简单事物。 3.学习用线条和形状表现感受过的物体的基本部分和主要特征。 4.初步学习在画面上安排物体的上下关系。	1.愿意参与环境的创设,喜爱各种手工活动。 2.能用现有图形或材料,按一定顺序粘贴物品,并大胆地按自己的意愿进行塑造。 3.学会一些简单的折叠方法(如集中一角折、双正方折、双三角折等),较平整地折叠简单的玩具。 4.能耐心地撕纸,初步养成不乱扔纸屑的良好习惯。	1.欣赏作品的色彩美、造型美,乐意与他人交流、合作。感受作品的色彩变化及相互关系。 2.能初步体验作品中线条、色彩、形状、质地等。 3.学习评价美术作品,说出自己喜爱或不喜爱作品的理由。
4岁半～5岁	1.喜欢用自己独特的绘画形式表达想法和感受。 2.根据既定的主题绘制作品并学会延伸。 3.能选择与实物相似的颜色绘制作品,初步尝试配色。 4.学习合理地安排画面,大胆地使用颜料涂色或装饰,有一定地表现自己对色彩的理解与运用能力。	1.乐意参加简单的折纸添画活动。 2.能剪出简单的彩纸图形,并尝试用粘贴形式组合成物品。 3.学习用搓、绕、撕的方法来完成作品的造型。 4.初步具有利用自然物或废旧材料制作玩具的能力。	1.喜欢发现周围生活中美好事物,能初步领会其鲜明特点。 2.初步感受美术作品中造型美、色彩美、构图美,并体验其情感。 3.学习简单地评价自己和别人的美术作品。

年龄段	目标		
	绘画	手工	欣赏
5岁～5岁半	1.喜爱用自己喜欢的颜色画图案。 2.能运用绘画技巧描绘自己所熟悉的生活环境,提高运用色彩的能力。 3.初步学会合理安排画面。 4.用各种几何图形来表现事物的基本特征和某些细节。	1.喜欢用手工来表达自己的想法和情感。 2.会用纸制作各种立体玩具。 3.能按轮廓或用目测的方法剪出或撕出简单的物体的外形。 4.会使用简单的工具和辅助材料塑造某些物体的细节部分。	1.喜欢各种不同风格的美术作品,感受作品中的形式美。 2.能感受作品的色调。色彩之间关系的变化。 3.了解作品的形状。色彩、结构等美术要素。 4.初步具有表达自己对作品的理解与想象的能力。
5岁半～6岁	1.乐意与同伴合作绘制主题画面,喜欢用各种颜色展示自己的想象。 2.能简单画出人物、动物形态。 3.能分辨色彩的浓,淡,鲜,灰,大胆使用色彩表现自己的情感。 4.了解物体的整体结构和各种空间关系。按自己的意愿自由地画出图画。	1.体验综合运用不同手工材料制作作品的快乐。 2.乐意用自己的作品打扮自己或当玩具给同伴玩,并喜欢用它们装饰美化环境。 3.能使用自然材料、废旧物品制作简单的美工作品和玩具。 4.会用对称折叠的方法剪出或撕出简单的图形和窗花。	1.欣赏各种名画,民族,民间工艺作品,以及学前儿童美术作品。 2.能感受作品的对称、均衡、韵律。和谐所造成的美感,并能引起审美联想。 3.了解作品的表现手法、艺术风格和创作意图,讲述出自己独特的观点。

(二)活动方案凸显美术技能与创造力协同发展

美术教学活动方案的设计是一种教学的艺术,其目的在于帮助每位学前儿童有效学习。我们运用教学设计原理,在制定美术教学活动方案时,凸显美术技能与创造力协同发展的教育观点。这里预设的教学活动方案主要指幼儿园集体美术教学活动。现从目标、内容、准备、过程设计四个方面加以说明。

1. 目标设计体现美的价值

注重美术对人的发展价值是美术教育的出发点与归宿。2～6岁学前儿童美术教育目标的达成需要设计一个又一个活动来进行具体的实施。在开展每一个具体美术活动时,要注意避免三种倾向:单纯偏重技能技巧学习;片面理解创造力发展;对立看待技能与创造力发展。

教师在拟定目标时，还要注意兼顾以下两个方面的要求：

第一，注意技能与创造力的有效发展。在认真分析学前儿童已有美术知识经验的基础上，提出难易适宜的美术活动目标，兼顾美术技能与创造力同步发展。具体地说，就是要为学前儿童找到"最近发展区"。

第二，注意技能与创造力发展目标的整合。活动目标要考虑学前儿童认知、情感、技能等方面的整体发展。将美术技能技巧的训练与想象、联想、创造思维训练联系起来，让学前儿童美术技能与创造力达到统一，达到画内功夫画外学的效果。

2. 内容设计体现美的生活

艺术源于生活而高于生活，学前儿童的美术创作取材也离不开生活的源泉。学前儿童美术创作是对事物美的形态和情趣的表现，涉及对事物的经验和认识，其创作来源主要是学前儿童在日常生活中积累的审美经验，学前儿童美术创作是在其积累的审美冲动下完成的活动。当学前儿童有了深刻的审美感受之后，就会自然地将自己的感受融入美术作品之中。基于学前儿童的年龄特点与认知规律，教师在进行学前儿童美术教育时，就要选择学前儿童熟悉的材料，使他们能从自己的生活经验中找到模型和范本，找到创作的源头。同时教师在布置任务时也要设置一定的挑战性，让学前儿童"够一够摘到桃子"，充分调动他们的创造潜能，运用所学美术技能与创造力来充分表现自己的艺术感受，设计出美的作品。

教师在选择和设计美术教育活动时，一定要具有一双善于捕捉生活、捕捉艺术，善于求索的锐利眼光，以适应学前儿童认知规律的活动设计来激发学前儿童的美术创作冲动，充分体现教育即生长、教育即生活、教育即经验的改造的教育思想。例如，街头巷尾鲜花店星罗棋布，教师可以大胆地在活动室创设花店情景，选择在5~6岁学前儿童开展《美丽的插花》活动，或者将藕、萝卜、黄瓜刻出各种形状制作印章画。精致而充满中国传统文化特色的扇面书画，以及张乐平、齐白石、马蒂斯、米勒等艺术大师的作品则可作为提高学前儿童欣赏力的素材，引导学前儿童从作品的表现形式、背景、主题入手，引发学前儿童丰富的联想，让学前儿童在初步掌握美术欣赏技能的同时，驰骋想象，自主探究，得到美的享受。

3. 准备设计体现美的情趣

生动形象、丰富有趣的准备为活动顺利进行提供保障。已有知识经验的准备是活动顺利开展的前提条件。首先，教师需要做好知识经验的准备。教师在研读教材基础上，要拷问自己：已有的知识经验和技能是否能够保证美术活动顺利开展？如果超出自身能力范围，怎样克服自身不足，做好活动前的充分准备？教师只有在活动前做好充分准备，仔细分析活动细节，预先采取应对措施，才能更好地在活动中指导学前儿童美术创作。

其次，关注学前儿童已有的知识经验。"想做什么""能做什么"是学前儿童参与美术活动需要解决的关键问题。"想做什么"涉及学前儿童美术创作想要表现的具体事物内容；"能做什么"的问题涉及学前儿童美术技能。因为学前儿童是否具备一定技能基础，是活动能否顺利开展的前提，只有设计学前儿童能够达到的活动内容，学前儿童才能更充分地表达，才能激发其创造力。

物质材料的准备是活动得以实施的基础条件。物质材料除了在数量上的准备要充足、丰富外，还要对其外在美提出一定的要求，要尽量准备有趣的、漂亮的能很快吸引学前儿童眼球的操作材料，促使学前儿童产生创作的激情和冲动，使他们迫不及待地想进入创作的状态。

另外，在活动准备的阶段，教师还要注意学前儿童美术活动空间环境的美化，要营造出美的学习环境，使学前儿童在充满美的艺术氛围中，带着愉悦的心情参加美术活动。

4. 过程设计体现美的创造

美术活动的过程设计要充分体现对美的追求与创造，因此，教师在活动开展的过程既要鼓励学前儿童仔细地观察、积极地思考、大胆地想象、勇敢地表现，又要根据教学实际需要灵活选择教学方法，在教学过程中对学前儿童进行适当的技能指导，使学前儿童始终保持旺盛的创造欲望和冲动，使他们的美术作品更好地体现出创作的艺术美。

一是运用适宜的教学方法。观察欣赏法、线索启迪法、直接显示法、语言分析法、游戏练习法等方法在教学中经常会得到运用，而启发式教学法、头脑风暴法等教学方法往往被忽略。建议教师反复推敲：运用哪些教学方法更为恰当？还可以运用什么教学方法？

例如，直接显示法在幼儿园美术指导方法中占有极大的比重。在美术活动时，常常遇到学前儿童不知如何将自己感知的东西用美术的方式表现出来，此时，教师就需要运用示范或范例演示方法。运用这一方法要注意，美术是一种创造活动，教师的任务只是引起学前儿童的兴趣，鼓励他们大胆创造形象，而不是把自己头脑中的形象直接演示告诉学前儿童，代替他们思考和创造。演示的目的主要是让学前儿童掌握表现的技能要领，教师要避免面面俱到，否则就容易造成消极模仿而扼杀了学前儿童的想象力和创造力。

又如，在指导学前儿童对绘画色彩技能的学习时，建议教师将启发式教学法、游戏练习法以及观察欣赏法结合起来运用。这是因为学前儿童使用色彩是非常大胆随意、天真烂漫的，他们对色彩富于幻想，这是成年人无法比拟的。当学前儿童的观察认识能力有了一定提高后，他们对事物有了比较理智的看法，这时他们对色彩的使用反而谨慎小心了。如果教师在这个阶段对他们的色彩知识不加以引导，就会出现不会用色和不敢用色的现象，导致他们对色彩使用的困惑，甚至会抑制他们良好的色彩感觉。因此，教师在对学前儿童进行色彩训练时，应适当讲些色彩常识，进一步引导学前儿童去观察，告诉他们固有色并不是唯一的色彩，还有环境色和光源色等。教师要告诉学前儿童：物体的色彩不是固定不变的，树叶不一定全是绿色的，天空也不一定总是蓝色的。学前儿童只有打破对颜色的固定认识，才能使颜色的处理富有变化和创造力。教师可以让他们做大量的色调练习，并欣赏一些优秀色彩作品，刺激学前儿童的色彩感觉，并让他们自由调配，这时不应将教学重点放在

"形"上和用色的准确上，而应尽可能鼓励学前儿童用色时尽情发挥他们无限的想象力。

二是采取游戏化的活动形式。德国古典美学家说过"艺术就是游戏"，艺术与游戏密不可分，而且游戏是幼儿园最基本的活动形式。想象和创造是艺术和游戏的共同特点。游戏不仅能够增加学习趣味性，使美术技能的掌握更轻松、愉快，而且游戏使学前儿童在活动中充满激情与快乐，使得生命也变得更加生动和精彩。

技能的指导和训练是服务于审美创造的培养的。在技能学习中也有创造性的成分，在创造中也有技能的学习和情感意志的培养。根据创造成分的多少，建议教师运用单独或综合使用技能练习游戏、模仿练习游戏以及创造练习游戏形式，让学前儿童进行美术实际操作、练习。这样，以游戏形式进行练习，能够使得枯燥的美术技能学习变得生动而有趣，审美创造也会变得更富有独创性，因而凸显了学前儿童美术技能与创造力同步发展的教学特征。

活动设计能够较好处理美术技能与创造力协同发展，体现在以下两个方面。

第一，教学方法得到灵活运用。活动开始环节，教师运用启发式教学法，提出了开放性问题，给予每位学前儿童思考的机会。通过引导学前儿童交流已有的手工制作经验，观察染纸作品的制作方法、色彩及装饰纹样等，帮助学前儿童积累经验，为下一个环节的创造打下基础。欣赏课件环节，教师呈现直观范例，让学前儿童充分去观察、思考与交流。在教师不断追问中调动学前儿童已有美术知识经验和技能的储备，激发学前儿童创作欲望。学前儿童从画面内容、构图、色彩等多种角度谈论自己的审美感受。制作活动环节，教师很好地处理了手工制作技能与创造力发展之间的脱节现象。在这里，教师只教给学前儿童基本的技能，而不是包办代替学前儿童整个手工创作。

第二，游戏形式贯穿活动始终。利用集体游戏、分组游戏等活动形式，学前儿童在轻松的气氛下，敞开思想，各抒己见，自由联想，在短时间内产生联想，生成较多的创造性设计。分组游戏时，每组学前儿童合作制作一幅画面。学前儿童在合作、探究中发现染纸手工制作的多种表现形式的独特效果，大家大胆地使用这些表现方式共同创造出了满意的作品。

二、注重美术教育活动过程的组织与实施

（一）教育活动过程体现弹性计划特征

将静态预设美术教学设计变成动态美术教学活动时，教师需要处理好预设活动与生成活动的关系。在师幼互动过程中，通过教师对学前儿童的需要和感兴趣事物的价值判断，不断调整活动，在统筹整体美术教学活动的过程中兼顾实施个别化教学，让每位学前儿童都成为美术活动的主人，让每位学前儿童在美术活动中得到应有的发展。

这里需要教师善于捕捉在师幼互动中迸发出的创造火花，通过教师与学前儿童心灵的碰撞，促进学前儿童的深入思考，从而生成新的认识。建议教师实施对话教学策略，具体如下：

1. 处理好教师与学前儿童的关系

对话本身就体现了民主、平等和彼此沟通等理念。只有建立起民主、平等的师幼关系，才能在师幼互动中形成体验、探究的氛围。在美术活动过程中，教师要及时反馈与鼓励，学前儿童受到激励、鞭策、鼓舞、感化和召唤，其心态才能保持开放，才能产生充满活力、充满创造的体验，实现教师与学前儿童平等、民主的对话。

2. 处理好美术作品学习过程与创造结果的关系

传统的美术教学忽视过程，关注的是美术作品呈现的结果，如此就把形成美术活动的生动过程变得单调、乏味，甚至未能促进学前儿童在原有水平上有所提高。这样的教学从根本上就失去了对人的生命的存在及其发展的整体关怀，失去了学前儿童美术知识意义建构的过程，是与对话教学的原则背道而驰。教师要激发学前儿童兴趣，进一步去发现、探索、体验、理解、发展美术技能与创造能力。

3. 处理好预设与生成活动的关系

现场美术教学活动的开展更需要教师具有教育智慧。当发现学前儿童真正感兴趣而且有价值的教学资源时，要适时改变原来的美术教育活动计划，调整美术教育活动内容。对于师幼对话中出现的即兴创造的火花，教师需要敏锐地捕捉住它并予以引燃，使不同的体验有一个交流与分享的机会，从而超越预先设定的目标。某一项美术教学活动任务的完成与否，并不影响学前儿童的整体发展，课堂教学最重要的是培养学前儿童自我体验、自主学习的能力和创新的素质。教师需要以开放的心态，凸显学前儿童的主体地位，张扬学前儿童美术的个性，释放学前儿童美术创造的潜能，提高单位时间内美术教学活动的教学效益，使得美术教学活动对学前儿童发展起到促进作用。

（二）尊重个体差异彰显因材施教原则

既要面向全体，又要尊重个体差异，这是我们必须遵循的因材施教原则。所谓因材施教，就是根据学前儿童心理的个体差异及其具体情况，有的放矢、因势利导地组织和进行教学和教育工作。我们在遵循因材施教教学规律的同时，也明白了因材施教的目的在于长善而救其失。然而要做到这一点，教师必须了解学前儿童的心理活动特点。

学前儿童阶段正处于个体个性形成和发展的时期，因此在学前儿童美术教育的过程中要注重学前儿童情感体验和个性特点。由于年龄、智力发展等方面的差异，学前儿童在美术能力发展方面也存在差异，从而造成他们对美术的感受和表现不一样。教师要注重不同的学前儿童用不同方法对待。比如，同样一节课，每位学前儿童学习内容是相同的，但由于各自的感触、体验不同，创造出的作品就会显现各自独特个性。作为教师要善于发现每位学前儿童优势的和弱势，根据每位学前儿童个体的发展状况，针对性巡回辅导，对不同学前儿童提出"跳一跳"能达到的要求。

美术教育的技巧性要求极强，而技巧的掌握非一日之功，需要长期、连续培养。教师只有通过一段时间的培养，将技能的指导寓于活动之中，由浅入深、由易到难，通过不断实践、练习，才能不断提高学前儿童的美术技能技巧，使他们积累丰富的美术技能经验，从而促进学前儿童美术创造力的发展。

总之，在美术活动的过程中，教师要注意学前儿童的美术表现，既要关注学前儿童美术能力普遍的发展水平，又要关注学前儿童个性化的发展。

三、不断探索学前儿童美术教育多元评价路径

美术教育评价是运用专业知识审视教育实践，发现、分析、研究、解决教育实践问题，其目的在于了解教育的适宜性与有效性，及时调整与改进教育教学，提高美术教育质量。本研究试图探索美术教育评价方法的多元视角，帮助教师不断优化美术教育过程，引导家长掌握科学教育学前儿童的方法，促进每一位学前儿童美术技能与创造力协同发展。

（一）评价主体和功能的多元

《纲要》指出，评价过程是各方共同参与、互相支持与合作的过程。我们从中可以看出，幼儿园美术教育的评价也应该是一种多层次、多主体参与的评价体系，它一改以往教师为主的单一评价主体的现象，这也是教育过程逐步向民主化、人性化发展的体现，将美术教育评价变成主动参与、自我反思、自我教育、自我发展的过程。

美术教育应包含所有专门的视觉艺术学习，以及各种融入学前儿童一日生活的视觉审美活动。幼儿园要树立"一日生活皆教育"的思想，除了要有目的、有计划组织集体美术教学活动外，还要将美术教育触角拓展到学前儿童日常生活方方面面，让学前儿童去发现生活中的美，体验生活中的美，创造美好的生活。由于实施教育的主体呈多元化，对学前儿童美术教育评价也需要多元化主体的参与，以便在共同沟通和协商中，增进双方的了解，形成积极、友好、平等和民主的评价体系，并通过多种渠道促使被评价者不断改进和不断获得发展。因此，在实施《美术教育活动评价表》《美术成长档案袋评价表》的过程中，评价主体应

包含教师、家长、学前儿童的参与，评价更需要从教师与学前儿童之间、家长与学前儿童之间、学前儿童与学前儿童之间、教师与家长之间多角度去实施。

在新一轮课程改革的背景下，随着课程功能的转变，评价功能也发生了很大的变化。美术教育评价不只是检查学前儿童美术知识、技能掌握的情况，更关注学前儿童美术学习过程与方法等诸多方面的发展。评价不再是对学前儿童美术作品进行优劣之分，而是关注学前儿童的成长与进步情况。例如，教师要根据对学前儿童美术作品的分析，反思美术教育活动目标是否恰当，教育活动内容、过程以及教学策略是否适宜，是否能够调动学前儿童美术学习的主动性，教育过程是否能为学前儿童提供有益的学习经验，是否符合学前儿童的发展需要，等等。相信经过分析与诊断，教师会肯定自身成功之处和尚需改进的地方，并提出改进方案，发挥美术教育效益的最大化。

（二）评价内容和方法的多元

多维度的、动态的美术教育评价内容与方法，更有利于促进学前儿童的发展。《美术教育活动评价表》能够充分体现"美术教育回归于生活"的指导思想。美术教育评价伴随着整个美术教育的过程。我们将集体美术教学活动和日常美术教育活动都看成学前儿童美术教育的途径。因此，评价项目是从集体美术教学活动、日常美术活动、活动评价三个方面整体考虑。在集体美术教学活动评价项目中，具体主要包括活动目标、活动准备、活动过程、活动结果四个方面评价项目。因此，我们在拟订日常美术活动评价项目时，要涉及生活渗透、艺术环境渗透和家庭渗透三个方面的内容。另外，各评价项目均提出各自对应的评价要点、等级以及备注栏。评价者根据各评价项目的评价要点，结合教育实际给予等级评价。

结合《美术教育活动评价表》的使用，建议教师、家长平时多带学前儿童欣赏大自然，开展亲子美术游戏；建议带学前儿童到农村观察农作物、欣赏田园风光；建议带学前儿童制作动植物标本，参观美术作品展，欣赏世界名画。我们也建议教师灵活运用各种教学方法，加强创造思维方法的训练，让学前儿童积累该年龄阶段学前儿童应该掌握的美术技能经验，再通过欣赏、想象和表现等美术表达方式，赋予学前儿童发挥想象和创作的灵感，激发学前儿童产生美术创作的"头脑风暴"，迸发出创造的火花。

以往在评价学前儿童美术作品时，有两个误区：一是单纯强调美术技能技巧量化评价所带来外部效度，缺乏人文性；二是单纯强调学前儿童自由表现质化评价，使得评价过于主观。因此，要避免评价走入误区，就一定要认真对待学前儿童美术作品的评价，切忌简单化的评价，"很好""不错""漂亮"这样简单化的评价方式是极端不负责任的评价方式。这种流于形式的、粗浅地评价并不能促进学前儿童的发展。评价者要读懂学前儿童作品所反映出的内容、使用的技能、审美创造的水平，综合采用观察、谈话、作品分析等多种方法，有机地将静态与动态美术作品评价结合起来，给予学前儿童适宜有效的引导。

评价方法的多元化，是发展性评价的基本内涵。《纲要》明确指出：评价应自然地伴随整个教育过程，综合采用观察、谈话、作品等多种方法，强调学前儿童在实际生活中的感受和体验；同时指出：平时观察所获得具有典型意义的学前儿童行为表现和所积累的各种作品等是评价的重要依据。由此可见，注重学前儿童美术教育的过程是《纲要》精神的实质体现。

总之，我们要以发展眼光看待成长中的学前儿童，运用多元评价手段，体现出导向、诊断、激励、教育、发展等多维性功能的整合，进而使美术教育活动评价促进教师美术专业成长、促进学前儿童美术技能与创造力的同步发展。但是，我们必须明白，发展学前儿童的美术能力并不是培养艺术家，美术教育的目的也不在美术教育本身，我们的重点是在学前阶段培养学前儿童的艺术素质。

四、园本研修提升幼儿园教师美术专业素养

教师的专业能力不仅直接关系到教育质量，而且影响着学前儿童的

全面发展，影响着素质教育的实施。因此，提高幼儿园教师美术专业能力成为当务之急。

（一）园本研修与教育实践结合

1. 园本研修是幼儿园教师专业成长新途径

园本研修是基于幼儿园，以幼儿园为单位，以解决本园问题为主的教师专业发展行动。实践锻炼是提高教师专业素质最根本的途径，培训进修是提高教师专业理论素养的重要途径，自我教育则是促进教师专业可持续性发展的主要途径，也是教师继续教育的最高境界。可以说，园本研修是融合实践锻炼、培训进修、自我教育于一体，一种新型的综合性的教师继续教育途径。

2. 园本研修始于工作实践

教师将美术教学实践过程中出现的问题与园本研修密切结合起来，做到边研究、边实践、边改进，以反思者、专业者、组织者、交流者、激发者、研究者的角色参与园本研修过程之中，促进教师专业化发展。目前，幼儿园园本研修活动多是专题讲座或读书研修，只运用"接受—借鉴式"研修形式，组织方式显得过于单一。其实，园本研修形式有许多，诸如"指导—参与式""反思—探究式""课题研究式""主题辩论式"等。在研修活动中，根据具体研究内容，可以灵活采取多种活动形式。需要注意的是，研修活动一定要注重研修过程，加强园本研修的针对性和实效性。

（二）园本研修要体现在职教师的学习特点

园本研修要真正成为幼儿园教师美术专业成长阶梯，就必须自始至终与教师的实践行动过程紧密结合，充分体现其"知行结合、即刻运用"的成人学习特点。园本研修与教师工作实践过程结合紧密，主要体现在以下几点：

（1）园本研修引导教师在研究状态下工作。园领导有计划、有组织地引导教师开展以问题解决为中心的研修活动，帮助教师"在研究状态下工作"，促进教师从"教书匠"转变为"研究者"。

（2）研修方案与美术专题计划相匹配。园本研修工作的内容、实际过程与教师实际美术教育活动保持一致。

（3）研修活动实施与常规美术教学活动相互渗透。教师个人的研修过程不是游离于教师实际工作之外另搞一套，而是与教师美术教学实践融为一体。

五、拓展家庭、社会和自然的美术教育空间

美术技能与创造力协同发展仅仅依靠幼儿园美术教育是不够的。学前儿童对美的感受力、表现力、创造力的培养是美术技能与创造力协同发展的关键。这需要学前儿童在社会、大自然中发现美、感受美，在家庭生活中培养审美情趣，激发学前儿童创造美的愿望。因此，让家长成为幼儿园重要的合作伙伴。首先，幼儿园教育需要得到家长的信任。幼儿园要让家长理解技能和创造力协同发展对学前儿童身心发展的意义，了解学前儿童美术技能、学前儿童美术创造力的内涵，正确认识美术技能与创造力的关系，努力赢得家长对美术教育的理解与支持，引领家长走出美术教育误区，树立正确的美术教育观念。

其次，家庭教育要求与幼儿园、教师教育要求努力保持一致。教师经常同家长取得联系。通过家园联系栏、家访、园访、召开家长会等家园联系渠道，幼儿园将学前儿童《美术成长档案袋评价表》中取得的点滴进步，及时反馈每一位孩子的家长，争取赢得家长的支持与配合。建议家长从如下两个方面着手，更新美术教育观念。

（一）在社会和大自然中发现美、感受美

社会和自然是学前儿童学习活动最好的课堂。社会和自然的美需要学前儿童身临其境，亲身感受。学前儿童美术创造力培养能否取得实效，社会和自然对他们的影响非常深远，因此，很多国家都非常重视和使用社会和自然这种天然的教育资源。例如，美国学校就非常注意让学前儿童从社会、从大自然中获取知识，积累经验。学校鼓励学前儿童外出旅行，感受自然和人文的气息；鼓励学前儿童参观工厂、农场，了解

他们身边的事物，了解身边的美。只要能开阔学前儿童的思路，能陶冶学前儿童的情操，哪里都可以成为学前儿童感受、学习和实践的场所。如果家长出国或外地旅游，要带上孩子，学校也会积极支持，并不认为会耽误学习，反而认为这是最生动的学习，可以开阔眼界，各科教师也抓住机遇布置相应的旅行作业，以便返校后让他作一个参观报告。又如，欧洲美术教育倡导与社会生活密切联系，与自然紧密接触。他们开设假日的广场艺术活动，鼓励学前儿童在美术馆里探究学习美术。他们认为凡是能在社会和自然界中掌握的内容，一律不停留在书本知识上；凡是能观察动态的事物，绝不观察停止不动的事物。

当自然美、艺术美与社会生活融为一体时，学前儿童就能在这种宽松优美的氛围中，享受创造的欢乐，发展自身创造潜能。因此，我们要营造出一种和谐、宽松、优美的社会和人文艺术环境，为学前儿童创造性人才的脱颖而出提供良好的外部条件，营造学前儿童能够感受创造精神的广阔空间。

（二）在家庭生活中培养审美情趣

家庭也是学前儿童体验和感受美的重要场所，家长则是幼儿园美术教育的重要合作伙伴。家庭环境的布置，甚至家居物品的选购等都可以让学前儿童充分参与，或给出意见，或亲自动手，学前儿童可以在参与中将自己的审美情趣得到充分表现。对学前儿童来说，他们在家庭生活中参与的程度越高，就越能锻炼他们的想象力和创造力，而且通过家长的随机指导，他们对美的发现能力和对美的感受能力也可以得到有效提高。因此，创设一个良好的家庭美术教育环境，让学前儿童生活在充满美、充满温馨家庭氛围的成长环境中，无疑对提高学前儿童参与美术活动的兴趣，丰富学前儿童的美术感知能力和审美经验大有裨益。

总之，只要我们探索、整合各种教育资源的研究不间断，努力形成以幼儿园为主体，利用家庭、社会资源形成美术教育合力的做法不改变，就一定能有效促进学前儿童美术技能与创造力的协同发展。

第三章　学前儿童美术能力的
发展与表现

第一节　学前儿童美术能力的发展阶段

大量学前儿童绘画作品显示，学前儿童年龄越小，其画面中的形象越简略，而随着年龄增长，画面越来越复杂、丰富，包含细节并较个别化。研究者在对绘画作品的研究中发现，学前儿童绘画水平有三个较大的飞跃，据此将学前儿童美术能力的发展分为三个阶段，这就是"涂鸦期""象征期"和"概念画期"。

一、涂鸦期美术能力的发展

一般，两三岁的学前儿童，无论是国内的还是国外的都爱拿他们能接触到的工具，如蜡笔、铅笔、粉笔、钢笔，甚至是树枝、木棍等，在能留下痕迹的平面材料上，如纸、书、墙、地板等上面又涂又画，当他们看到自己画出的线条时就感到非常高兴和满意，这就是涂鸦现象。

（一）涂鸦线条的四种水平

国内外许多学者进行了研究，结果不尽相同，但一般认为涂鸦线条有四种水平。

第一，杂乱线。杂乱线是学前儿童最初画出的线条，杂乱线中很少有重复画出的线条，一次画出的线条中包含着横线、竖线、斜线、弧线，还有点、锯齿线、螺旋线等掺杂在一起，线条长短不齐，也极不流畅，手的动作显得毫无把握，不过，这却是人类的一个新生命最早画出的线条。

第二，单一线。经过一段时间的涂画以后，学前儿童能重复地画出长短不齐的螺旋线。这表明学前儿童对手已经有所控制，知道用同样的动作可以画出同样的线条，但把握不大，主要是体验重复动作的节奏，所以有些外国学者又称这种线条为"控制线"。

第三，圆形线。随着学前儿童在涂画中对自己的动作和结果逐渐加深了解，他们尝试画出图形结果，重复地画出各种大大小小、封口不封口的圆形。从作品中可以看出学前儿童在努力地控制动作的方向、力量和幅度，但又不十分有效。圆形线的意义在于线条开始封闭形成图形，它虽然简单，却是学前儿童首次画出的图形。

第四，命名线。学前儿童在不断涂画的过程中逐渐将图形与线条结合起来，偶然地从中认出某形状，发现与他们自己经验中的某些事物相似，于是他们给自己画的线条和图形起名字，自言自语地进行注释和说明，所以也有人称这种线条为"注释线"。成人在观看这种作品时如果离开了学前儿童的语言解释，一般无法辨认其代表什么，但是学前儿童已开始朦胧地意识到他所画之物与自己经验之间的联系。

有一点需要注意，命名线中有一些形状似乎和某些物体很相像，但是它与成熟的绘画造型有本质的区别。一是命名线首先是无意识地只画线，其次是发现其与物体的联系，而真正的绘画从一开始就是有目的的；二是学前儿童所画线条呈现的形，如果离开语言的解释就失去了表现的意义，无法确定其代表什么，而真正的绘画是无须解释的。

（二）涂鸦的实质

从学前儿童实际的涂画行为和过程上看，涂鸦是没有表现意图的画线活动。也就是说，在涂鸦时，学前儿童没有绘画构思和目的，是他们感知动作有了一定发展与协调之后对环境做出的新探索，是一种新的动作练习。

（三）学前儿童涂鸦的原因

我们说学前儿童的涂鸦没有表现的意图，只是一种画线活动，而且涂鸦线条是凌乱的、不成形的，也不代表任何事物。那么，出现这种现象的原因是什么呢？从生理方面来看，学前儿童到了 2 岁左右，手的骨骼和肌肉已有所发育，有了一些力量和准确灵活性，神经系统也有所发育。脑、眼、手之间的协调关系基本建立，脑和视觉对手有所控制和调节，于是学前儿童开始了新的动作练习，尝试控制一些简单的物体，如重复地抓握摆弄东西、一遍遍抛出或拉动物品等，涂鸦即这一时期的动作练习之一。由于发育还不完善和充分，这时的学前儿童不能画出准确的线条和图形，因此形成涂鸦。涂鸦增强了学前儿童手的力量，锻炼了手的灵活准确性，为以后真正绘画打下了基础。

从心理方面来看，学前儿童涂鸦与他们这一时期直觉行动思维的心理水平有关，处于这一阶段的学前儿童在行动中感知主客观之间的关系，不能脱离行动在头脑中构成形象。这样，学前儿童在涂画的过程中，不会把自己的动作和外界事物相联系，而仅仅关注当前的动作和动作留下的痕迹，因此，他们画出的东西既不成形也不代表任何事物。但是，在不断涂画过程中，学前儿童在纷乱的线条中认识一些形状，在表象功能进一步发展的条件下，他们会发现画出的痕迹和记忆中的某些事物相像，于是去重复这些形状，用它们代表记忆中的那些事物。到了这个时候，不管画得多么不像，他们都进入新的时期——象征期，所以涂鸦也从心理方面为真正的绘画创造了条件。

二、象征期美术能力的发展

象征期是一个过渡时期，发生于学前初期。大约在 3 岁，学前儿童开始产生表现的意图，能用所掌握的极简单的图形和线条将事物的特征表现出来。由于这时学前儿童使用的形状有限，类似的形状在每个学前儿童的作品中或同一个学前儿童的不同作品中可能代表着极不相同的事物。例如，常见的圆加放射线的形状，在有的作品中代表的是红彤彤的太阳，有的则是一盏吊灯，有的甚至是一棵树或一间住有人的房子等。这时，成人仅凭作品难以确定学前儿童画的是什么，但学前儿童已能明确地指出他画的东西。在这一阶段，还可以观察到一种现象，即学前儿童在画画时边画边自言自语，饶有兴味地讲述他画的东西。

这一时期，学前儿童绘画的水平是不稳定的，有时好时坏的现象。有时，在一幅作品中，有些形象画得很复杂，而另一些形象却十分简单；有时，前一阶段已能画得较完满，忽而又退回到老样子，画中的形状变得很单调。这类不均衡与不稳定现象不是孩子在退步或故意不好好做，而是因为他们正处于尝试探索之中，不稳定是必然的。所以，看待学前儿童的作品不能仅凭一时一作，要全面衡量。

另外，在象征期，除画面有如上不稳定现象外，学前儿童绘画的构思过程也极不稳定，这种不稳定表现在：

第一，动笔后构思。学前儿童常常在涂着涂着的时候，突然发现自己涂画的动作痕迹与某物的外形相似，于是想起要画这一物体。如学前儿童涂着涂着，突然觉得涂出来的东西很像气球，于是想画气球，又涂着涂着，觉得它很像小人，于是想起要画小人。这表明学前儿童开始时并不是很有意识、有目的地想好要画什么，然后下笔画，而是受到某些动作、痕迹刺激与触发引起表象，才决定画什么，形成先动笔后构思的现象，这说明他们造型的目的性还不强。

第二，事先构思和随意涂画穿插。事先构思和随意涂画穿插又有两种情况，一种情况是不同张的画，有些画是学前儿童事先想好了画的，有些则是随便涂画的；另一种情况是在同一张画上，有的东西是学前儿童事先想好画的，有些则是随便涂抹的。遇到这种情况，成人有时觉得孩子是不好好画或是又退步了，其实，这是这一时期学前儿童构思不稳定的表现，属于正常现象。

第三，绘画内容转移。绘画内容转移的表现是学前儿童正画着某样东西，突然就停止不画了。如画飞机，画了一半就不画了，转而去画太阳，造成画面的不连贯。这种现象是由于学前儿童只进行了局部的构思，而未能进行全面完整的构思造成的。

第四，形象含义易变。学前儿童画出的形象含义经常是不稳定的，他们往往在画好的形象上再加上几笔就说成是别的东西。如开始画小人，后来在头部——大圆圈上加些小圆圈、小点点，就说成是大树。这一方面是由于学前儿童运用的形状比较简单，可塑性强，容易变异，形状的组合稍有变动就可以构成新的形象；另一方面也是学前儿童构思不够稳固，不能事先完整构思的结果。

第五，易受他人影响。学前儿童画什么，受他人影响比较大。有的孩子本来想画小花，看到别的小朋友在画汽车，他也画汽车，但汽车刚画几笔，听见另一个小朋友说："我画太阳。"他也说："我画太阳。"经常有这种现象，邻座的几个小朋友画的画都很相像。另外，教师的提问和提示、小朋友的回答对构思都有影响。

象征期是一个短暂的时期，但是对于学前儿童绘画发展是一个重要的阶段。在这一阶段，学前儿童开始尝试用他们涂鸦时掌握的图形表现自己的经验，其表现动机和信心都很脆弱，对成人的反应也很敏感。如果这一时期的尝试比较成功，学前儿童将树立起艺术表现的信心，这对他们进入下一阶段至关重要。因此，教育者切忌以看待成人作品的习惯眼光去看待学前儿童的作品，更不要挑剔学前儿童画中那些不合乎习惯的地方，而应多给学前儿童以鼓励和支持，使他们树立起用美术这一新的媒介进行表达的信心。

三、概念画期美术能力的发展

概念画期的学前儿童视觉感受性又有提高，眼动的轨迹越来越符合物象的外部轮廓，手部的小肌肉进一步发育，作画时能表现物象的主要部分和基本特征，不借助语言也能看出所画的内容。但是，该阶段的学前儿童常以程式化的图形表现物象，缺乏写实性，形象不完整，喜欢用固定样式和画法表现不同的对象，画得比较概念化。由于学前儿童表现的方式呈现出符号化、图式化的特征，因此这一阶段被称为概念画期。该阶段可分为早期和晚期两个阶段。

（一）早期

在早期图式阶段，还保留着象征期的绘画特点。随着学前儿童认知的发展和眼手的逐渐协调，学前儿童画中的各个独立图形开始出现融合的趋势。但在开始运用这种方式绘画时，他们还不能很好地把握好轮廓线，所表现的物体看起来比较呆板。

学前儿童在色彩的认识上越来越精细，对于色彩的明度、饱和度等方面的辨别能力有了较大的提高，能按物择色，根据物体的固有色来着色，并在轮廓线内涂色，但不注重颜色的协调。

从空间上来看，学前儿童逐渐摆脱了基底线，尝试将整张画纸作为地面来表现作品中的形象，构图开始具有层次感，但还不能很好地把握物体的比例和近大远小的原理。因此，他们表现的物体、人物，不管远近都一样大小，甚至是近小远大。形象与形象之间已有了一定的联系，但这种联系较为简单，常用重叠、透明的方式来表现，所画形象基本上能反映主题。

（二）晚期

晚期阶段，学前儿童已能用流畅的线条来表现物体的整体形象，并用一些细节来表现物体的基本特征。例如，学前儿童所画的人物形象不仅结构合理，而且能通过服饰、发型等细节来表现人物的性别、年龄、职业身份。又如，学前儿童在画车子时，除了表现车头、车身、车轮等基本结构以外，还能表现乘坐车子的人、车身上的广告以及车灯等细节，通过对细节的描绘，使所画物体更为具体、生动。他们尝试用立体的方式来表现三维物体，但受到技能的限制，并不能客观地表现三维物体。

此时学前儿童在按物择色的基础上，能用某种颜色统一画面，形成主色调。如画"过新年"时，学前儿童大面积地使用红色，形成暖调，突出渲染过年的热烈气氛。该阶段学前儿童画的整个画面色调能逐渐达到协调，给人以和谐的美感。

同时，学前儿童开始用色彩表达自己的情感。例如：用绿色表现感冒时候的脸，用红色表现生气时候的脸；用绿色表现春天的春意，用红色表现夏天的炎热，用金黄色表现秋天的丰收，用白色表现冬天的寒冷。在这一阶段，学前儿童涂色技能有了进一步提高，能均匀地涂在轮廓线之内，并学会用两种颜色的相接来表现色彩的渐变。

在该阶段，有部分学前儿童尝试从一个固定角度出发去表现物体的空间关系，出现了遮挡式构图。此时的作品开始有了一定的主题，且所画形象都与主题有关，画面内容丰富。画面上，一些形象成为主体，另一些形象则构成背景，具有一定的情节。

第二节　学前儿童美术能力的表现

学前儿童自出生起即开始表现自己，他从某些本能的欲望出发，借助各种"语言"（符号系统）表达思想和情感，并与他人沟通。学前儿童，只要是身心发展正常的学前儿童，从他能用笔进行随意涂抹的瞬间起，就自发地运用"美术语言"表现自我。学前儿童"美术语言"的发展是与学前儿童的身心发展平行的。每一个正常的按自己的速度发展起来的学前儿童似乎都要经历这样的过程。美国美术教育家罗达·凯洛格（R. Kellogg）对约一百万张学前儿童画进行了研究，归纳了学前儿童从动作到有意义表征的发展过程。

一、太阳

2岁的学前儿童已能画出直线和曲线，这些直线和曲线都可以成为学前儿童画"太阳"的组成成分。虽然"太阳"的结构看上去简单，但学前儿童在绘画复杂的集合体之前是不会画出"太阳"的。

学前儿童最初画"太阳"，只是喜爱这种给人以良好视觉形象的图形，并不是真正地在画天空中的太阳。在学前儿童美术发展过程中，凯洛格认为这是学前儿童画与成人画之间的又一座桥梁。

凯洛格将学前儿童所画的各种类型的"太阳"进行了分类。其中，她所谓的"中空的太阳"明显地表示了是由曼陀罗或某种圆的集合体分离出来的特征，而这种分离须经过一段时日。而凯洛格所谓的"太阳的脸"和"太阳人"，原是"太阳"和圆的集合体。"太阳的脸"和"太阳人"中的五官及头发、胡须、睫毛等，多出于成人的想法，学前儿童也将它们称作五官和毛发，只是出于对成人说法的认同。在学前儿童美术发展的过程中，由成人命名的线条不能算是学前儿童画的，因为成人所命名的这些线条在以后学前儿童画"人物"时并不经常出现。这就是说，学前儿童之所以画这些线条，是由于学前儿童受到了自己以前描绘的"太阳"的刺激所致。

曼陀罗和"太阳"这样一些学前儿童所喜爱的图形，常成为学前儿童以后表现较为复杂的事物时的组成单位。例如，有的学前儿童将"太阳"作为人的手，把曼陀罗作为人的躯干。

二、蝌蚪人

学前儿童美术教育工作者通过大量的调查发现，"人"是学前儿童美术作品中最为常见的题材之一。学前儿童早期画的"人"使人联想到蝌蚪，光光的脑袋上长着长长的尾巴，于是人们便称之为蝌蚪人。

学前儿童最熟悉的是人，但学前儿童画"人"并非基于他对周围人的观察和认识，学前儿童所画的"人"也不一定是现实生活中的人。凯洛格认为，"人"是学前儿童由早期绘画自发、自然演化而成的，它反映的只是学前儿童对均衡性和规则性等形式美的追求。学前儿童往往也会接受和认同成人对他所画的"人"的各个部分的命名，然而，他们自己的表现形式毕竟与成人的认识相去甚远。

凯洛格对学前儿童从会画"太阳的脸"和"太阳人"发展到画"人"这一过程进行了分析研究，发现学前儿童所画的初期的"人"头上添加了其他的图形：或者头上画了手，或者头上没有画任何图形，或者没有手臂，或者具有各种躯干，或者在躯干上画有手臂，最后接近完整的人物。

学前儿童不仅在纸上画"人"，而且将其他的美术材料作为媒介，以同样的形式表现"人"。在成人的眼里，蝌蚪人是不完全的，不是缺少了躯干，就是缺少了上肢，或者缺少了身体的其他一些部位。对此，人们提出了各种假设：有人认为，学前儿童往往粗枝大叶，所以漏画了部分肢体；有人认为，学前儿童以为躯干不重要，因而有意将躯干省略了；有人认为，学前儿童动作发育不成熟，绘画技能低下，不能完整地表现人物形象；还有人认为，学前儿童运用了夸张和省略的手法，强调头部的重要性，而将身体其他部位只用两条垂直的线条表示。其实，这些说法都很牵强，只是站在成人的立场去假设学前儿童画蝌蚪人的理由。根据凯洛格的解释，学前儿童画"人"不是以现实生活为依据，而是学前儿童从动作到表征发展美术符号系统并表现自我的一个环节。

阿恩海姆（Rudolf Arnhetm 1904－2007）从他的"知觉分化"理论出发，解释学前儿童画蝌蚪人的理由，认为有其合理之处。根据阿恩海姆的理论，早期学前儿童由于知觉尚未分化，其绘画样式十分简化。随着学前儿童的成长，其知觉能力不断分化，绘画样式也越趋复杂。在早期阶段，学前儿童用圆表现的不只是人的头部，而往往是整个人体。在学前儿童的知觉中，人体的各部分尚未分化。随着学前儿童的成长，学前儿童所画的图形的象征意义才越来越狭窄，越来越明确，越来越具有特定的含义。3～4岁的学前儿童一般都会根据成人的要求指出人体的一些部位和器官，或在别人所画的人物中找出这些部位和器官。但是，学前儿童绘画的样式仍服从于其知觉分化的水平，用圆和最简单的图形表现人体的各个部位。要证明这一点并不困难，如果要求学前儿童在蝌蚪人身上画上肚脐或衣服的纽扣，学前儿童有时会不假思索地在蝌蚪人嘴的下部画上小圆圈，有时则会在两条竖线之间画上小圆圈。在前一种情况下，学前儿童所画的圆既代表了头部，又代表了躯干；在后一种情况下，两条竖直的线条既代表了躯干，也代表了下肢。

三、图形的选择和组合

学前儿童画常由一些图形以一定的方式组合而成，研究学前儿童画必定要涉及与此有关的一系列问题：学前儿童在绘画时是如何对图形进行选择的？学前儿童组合这些图形的原则和方法是什么？选择某些图形进行某种组合会产生什么样的结果？等等。在对这些问题的众多研究中，比较有代表性的是阿恩海姆、凯洛格和布斯。

阿恩海姆的主要兴趣是美术是如何与视知觉和视觉思维联系在一起的。他提出，画并不是它所要表达的事物的复制品，而是原事物的等同物，这意味着在画面上出现的东西仅仅包含了原事物的某些性质。学前儿童对图形的选择和安排，主要取决于原事物的结构，这些图形表达的是原事物的形式的基本方面。例如，人物的基本结构是通过垂直轴表达的，学前儿童在绘画时就是根据这种垂直的结构加以具体化。在绘画媒介的限制范围内，学前儿童往往根据简化的原则，经常以某种秩序重复地运用某一圆形，以此作为表达事物的等同物。

凯洛格认为，学前儿童对图形的组织秩序和平衡的追求是十分重要的。学前儿童在绘画发展过程中所保留并经常重复画的都是一些有良好视觉形象、有秩序、平衡的图形，如同心圆、"太阳"等。

布斯感兴趣的是学前儿童图案的样式。她通过研究线和点这两种最简单的图形，探索学前儿童如何通过重复、对称、围绕一个中心点旋转等方式将这些最简单的图形转换成较为复杂的图形。

这些研究为人们理解学前儿童美术的特征和表现手法提供了思路。根据这些研究，重复、对称、旋转等常常是学前儿童组织和安排图形的方式。追求图形的组织秩序和平衡，对有秩序的和平衡的图形的偏好和选择，将简单的图形转换成复杂的图形，将前阶段形成的复杂图形转换成后阶段更复杂图形的组成部分等，这些都是学前儿童美术表现的原则和方法。

四、事物之间关系的处理

（一）事物与事物之间的关系

学前儿童在美术活动中表现事物与事物之间的关系，比学前儿童表现某一孤立的事物要困难得多。这就跟学前儿童理解一辆汽车比另一辆汽车开得快要比理解汽车这个物体更困难一样。

年幼的学前儿童常将事物看作独立的个体，他们在纸上画的物体往往是一个个的单独存在物，与其他事物缺乏联系，而且还常飘浮在空中，与地面也没有关系。例如，学前儿童画一个人戴一顶帽子，这顶帽子可以与人的头部没有任何接触，而是飘浮在天空之中。

随着认知水平的提高，学前儿童在绘画时开始使一个事物与另一个事物发生相互的联系。在开始阶段，学前儿童是以十分简单的方式处理事物之间的这种关系的。例如，当学前儿童画一个人骑在动物身上或坐在一张椅子上时，他们所画的人的躯干紧贴着坐骑的背部或椅面，人的腿"消失"了，人和动物或人和椅子双边的关系仅仅表现为紧密接触，而又"互不侵犯"。有些学前儿童在处理类似问题时，仍然画出人和动物或人和椅子双方的完整图形，并且简单地将双方重叠在一起，使它们之间形成一个同属于双方的部分，产生了 X 光式的图画，给人以一种动物或椅子是透明的感觉。

学前儿童在处理事物与事物之间的关系时，更为高级的水平是 X 光式图画的消失。学前儿童在处理人与动物之间的关系时，如果只画出人的一条腿，而不再画出另一条跨在动物身体的另一侧所看不到的腿，说明学前儿童的这种表现方式已与成人的表现方式相类同，已能较为客观地反映出事物本来的面目了。

学前儿童在绘画时，所画人物的肢体残缺不全是常见的事。当学前儿童在画人时不再出现缺胳膊少腿的现象，能根据所画的人和坐骑之间的关系有意地不再画上那条看不到的腿，这就说明学前儿童已经能进行较为高级的思维活动。因为学前儿童若要完成这个任务，就必须摆脱将各种事物仅作为单独存在的实体看待的方式，要能从整体上把握事物之间的关系，并能在绘画时将这种关系表现出来。

（二）水平—垂直关系的处理

年幼的学前儿童思维受知觉的限制，只能感知到事物的某一个方面，而不能知觉到事物的所有方面，在解决问题的时候，往往不能从全局考虑。这一特征常会在学前儿童的美术活动中表现出来，即年幼的学前儿童在绘画时不能将水平—垂直关系作为稳定的参照构架，而是以局部的垂直关系替代整个画面的水平—垂直关系。

例如，学前儿童在画道路两侧的房屋时，他们常常只以局部道路作为参照点，不懂得画面所在的基底线是整个画面中任何事物位置的参照标准，缺乏对整体的水平—垂直关系参照系统的认识。他们在绘画时会将每幢房屋画得局部地垂直于道路，以局部的垂直关系替代整体的水平—垂直关系的参照系统，这是学前儿童在没有建立起水平—垂直关系的参照系统前经常采用的方式。皮亚杰认为，发现学前儿童是否已经能够自发地运用水平—垂直关系的参照系统去构图，这是十分重要的。

一旦学前儿童能够运用水平—垂直关系的参照系统构图，他们的画就比较忠实于它所表现的事物的视觉概念，与成人的构图方式相统一。从以局部的垂直关系替代整体的水平—垂直关系，到能够运用水平—垂直关系的参照系统构图，这一发展过程虽说几乎是一种跳跃式的过程，但学前儿童刚开始运用水平—垂直关系的参照系统进行构图时还似乎有些呆板和模式化。然而，随着学前儿童认知的发展，他们会逐渐地对自己的那种过多地使用水平线和垂直线的构图表现出不满，试图运用倾斜关系来表现复杂的事物，使构图向更为高级的阶段发展。当学前儿童不仅能够在水平—垂直关系的参照系统里运用水平线和垂直线表现事物，而且还能够熟练地在此系统里运用不同倾斜度的线条表现事物时，学前儿童表现的能力就大大增加了。

（三）多视点构图

在一幅学前儿童美术作品中，往往不止一两个形象，有时有三四个甚至众多的形象。以某种方式将这些形象组织起来，我们称之为构图。形象排列方式的发展变化是学前儿童构图发展的重要方面。所谓排列方式，是形象在画面上的位置关系和形象相互之间的关系。不同的排列方式都有着鲜明的直观特征，反映着学前儿童空间概念的不同水平。其发展顺序如下：

第一，零乱式。在学前儿童绘画构图的发展中，初始阶段的构图是零乱式的。所有的孩子都由此开始。在这一时期，学前儿童对形象不作空间安排，画面没有上下之分，更无前后之别，原来生活中有一定方向秩序的东西，在这些画中看起来都是横七竖八，失去了原有的秩序。原因就在于，这时学前儿童还未形成空间方向上的再现概念，方向对他们来说并不重要，重要的是把想画的东西都画上。这种构图大约出现在 3 岁以前，3 岁以后只有很少的孩子这样画，5 岁以后则完全消失。

第二，平行式。经过一段时间，学前儿童画中的形象不再那么无章可循了，显示出了某些一致性，形象相互垂直平行，有上下一致的方向。这时，在他们的作品中，小人、花草、树木、飞禽、走兽都头脚一致地竖立着。学前儿童采用的平行式构图表现了生活中最简单的方向关系，即各物体与地球引力方向一致，相互平行竖立着。平行式构图的出现表明学前儿童开始表现物体的空间关系了，但还是很初级的，有很大的局限性。在这种构图中没有水平关系，所以，有时原本在生活中高的东西画在了画纸低的位置上，原本在生活中低的东西却画在了画纸高的位置上，画面中的形象看上去有一种飘忽不定的感觉。这种构图一般出现在 3 岁以后，有比较多的学前儿童在 4 岁前后开始采用这种构图排列方式。以后渐少，但直到 6 岁仍有少数学前儿童停留在这一水平。

第三，并列式。并列式构图的画面特征是所有生活中的地面上的物体都在画纸的下部排成一队。在这种构图中，把形象画在画面同一排表示它们是处于同一水平高度上，画在不同排则表示这些物体处于不同的水平高度上。构图有了这种新关系以后，物体的空间关系较以前清晰多了，不会再发生地上的东西看起来要飞到天上，天上的东西看起来要掉到地上的误会。但是并列式构图依然存在局限，有时使人把画中排成一排的形象误解为是现实中排成一列的物体。实际上有一条线代表的是宽阔的地面，形象也并非排成一排，而是矗立在地面上。之所以会使人产生误会，原因就在于这种构图的排列方式不具有深度关系，正如有的学者所说的，这是一种只有"竖式空间"的构图，即只有上下高低，而没有远近前后，因此，它不能将地面的纵深显示出来。总的来看，二维性是并列式构图的特点，它或者是竖式的，即垂直的，或者是水平的。并列式构图是学前儿童期学前儿童绘画时的主要构图方式，3岁以后开始出现，直到6岁左右还有1/3以上的学前儿童采用这种构图方式。

第四，散点式。散点式构图是并列式构图的进一步发展，画面中原来处于一排的形象开始分解离散，大部分分布在画面下部。在许多学前儿童作品中还出现一个有趣的现象，即紧靠着形象的底部画有一条短直线。在此以前学前儿童的几种构图方式都是二维的，好像正视图或俯视图（不是严格意义上的）。现在出现了第三维，画面开始立体化。也就是说，在这种画面上同时存在着竖直空间和水平空间，画面上的同一个位置既是一个高度又是一个水平点。鸟的位置如果画上树木或行人就是在空中，否则就是大地上的一点。利用这种构图，学前儿童可以表现复杂丰富的大场面。

第五，多层并列式。在散点式之后，在有些学前儿童的画上出现多层并列式的构图。这种构图与单纯的并列式和散点式既相同又不同，在这种构图中各排内部是并列关系，排与排之间是散点关系，所以，它是并列式与散点式的结合。

第六，遮挡式。遮挡式是学前儿童期水平最高的构图形式，以这种方式构图的画面有了清晰明确的前后关系。我们知道，当我们从一个固定角度看物体时，前面的物体势必要遮挡住后面的物体，因此，让一些形象部分地遮挡住另一些形象，最能表现出物体的前后关系。随着学前儿童空间概念的发展，他们开始从一个固定角度出发，表现物体的空间关系，由此出现了有遮挡关系的构图。到了学前儿童末期，有少数孩子开始采用遮挡式构图表现物体的空间关系。出现遮挡关系的作品不仅在构图上，而且在其他方面也都是很出色的。

（四）透视

我们知道，绘画是在平面上表现的，即绘画的表现媒介是二维的。如何利用二维的媒介表现出物体的三维性不是一件简单的事情，需要一些方法，才能使平面的图形看起来有立体感。学前儿童在表现物体的深度上有一个渐进发展的过程，可以分为如下几个阶段。

第一，最初，学前儿童画出的形象不但方向感差，而且没有深度感。学前儿童画一样东西是对其多角度观看之后，觉察到它的重要结构特征，形成一个视觉概念，在绘画时，再用与这一视觉概念等同的形状或线条将其再现出来。例如，在很多时候，学前儿童用一个圆形或椭圆形代表人的头，这样的形象缺乏各个面与深度关系，仅可见物体的重要视觉特征和各个部分之间的功能与连接。

第二，渐渐地，学前儿童觉察到物体各个面，希望画得更完善一些，于是他们把物体的正面、侧面甚至背面的东西都并列在画面上。这种方式虽然表现出物体的多个面，但形象的立体感显得含糊不清。原因在于画面缺乏统一的空间关系，面与面的方向难以被显示出来。这是学前儿童尝试抛弃简单的方式，向复杂完善的形式努力的中间成果。所以，有的学者将其称为"丑陋的过渡形式"。

第三，为了避免正侧面同在造成的表现上的模糊性，追求明确性，学前儿童开始放弃力求完整表现的企图，舍弃其他的面，只表现从一个角度看物体时所见的单一面。这种单一面的形象，虽然获得了相当清晰、明确的效果，但在表现物体立体感方面却有缺陷，形象显得过于扁平。于是，学前儿童开始学习新的表现方法。

第四，多面变形是学前儿童尝试将前几个阶段的表现方式结合起来产生的。学前儿童将一个形象的某些面变形，显示出物体的立体性。这种方式既包括了物体的多个面，又考虑到面与面的方向区别，形象的深度关系由此清晰起来。

五、动态的表现

对于年幼的学前儿童来说，表现事物的动态不是容易的事。我们不能将学前儿童喜欢画动的对象（如人、动物等）这一现象直接地描述为学前儿童的美术具有动态性的特征。

学前儿童在绘画时，表现人的行走和跑步的动态有一个缓慢的发展过程。年幼的学前儿童所画的人，即使是在行走或跑步，也常以正面直立的方式加以表现。有一些5～6岁的学前儿童，开始能用动态的方式表现人的行走和跑步的动作了。但是，这种表现的手法仍然是十分简单的，只是将正面直立的人物的下肢的位置画得分开一些而已，下肢分得越开，表示人的行走或跑步的速度越快。

对大量的学前儿童绘画进行分析，可以发现学前儿童很少画侧身的人，但画侧身的动物很多。用侧面的方式画人物的动态活动，是一种较为高级的表现方式，只有在学前儿童中才能经常见到。与画人物正面的行走和奔跑相类似，学前儿童一开始只是将下肢画得分开一些，以表示行走或跑步的动态，下肢分得越开，表示行走或跑步的速度越快。之后，除了将所画人物的下肢位置改变以外，学前儿童也采用改变人物手臂的位置的方式表示人的行走和跑步的动作，然而与下肢的位置变化相比，上肢的位置变化显得并不是很重要，一般只是起辅助作用。衣服和头发的随风飘动，以及表示运动的线条（这些线条在实际中并不存在，它只是人们用以表示动态时常用的图形符号）等，也是常被年龄稍大的学前儿童所运用的表现人物行走或跑步的一种方式。但是，在大多数学前儿童的绘画作品中，尽管所画的四肢、头发、衣服等的位置发生了这样或那样的变化，人物躯干的主轴线却始终保持不变，也就是说，人物躯干的主轴线是始终垂直于地面的。

表现人物的行走或跑步动态的一种更为高级的方式是人物的主轴线的变化。人的主轴线不再僵直地垂直于地平面，而是发生了倾斜，但是躯体的各个部位仍然是同轴的。学前儿童用这种表现方式表现人物行走或跑步的动态，一般只有在8～9岁以后的学前儿童所画的画中才能见到。

在表现"一个人弯腰去捡地上的皮球"的动态中，不同年龄的学前儿童有不同的表现方式。将这些表现方式连成一体，能在一定程度上反映学前儿童动态表现方式的发展过程。年幼的学前儿童画一个人捡皮球的动作，只是将其所画的人和皮球尽可能地相互接近。在这种情况下，人是站立着的，皮球还是在地上；有些学前儿童则用另一种方式表现这一动作，那就是将皮球画在人的手中；还有些学前儿童采用的表现手法是增加所画的人物的手臂长度，使之能捡起地上的皮球。这三种表现方式有一个共同的特点，即学前儿童所画人物的主轴线是垂直于地面的。随着学前儿童认知的发展，学前儿童所画的人物的轴线发生了变化，开始人物的主轴线是与地面成一个倾斜的角度的，之后，人物的主轴线可能呈现倒"V"形或倒"U"形。但是，要在真正意义上表现人捡皮球的动态，人物的主轴线是不规则的，主轴线的方向是依据所要表现的动作而确定的。在学前儿童所画的一个人从地上捡皮球的动作中，不管人物的主轴线发生了何种变化，都较主轴线垂直于地面的表现方式高级。

六、色彩

（一）选色

学前儿童出生在充满色彩的世界中，但对色彩的感受却是随着他们的感受力的增强而逐步充实和丰富的。3 个月的婴儿能在排除明度干扰的情况下，分辨红、黄、蓝、绿 4 种基本色。3～4 岁的学前儿童分辨红、橙、黄、绿、蓝、紫 6 种颜色的百分率为 97％，4 岁后达到 100％。同时，对颜色的细微区别能力在 4 岁后逐渐发展。也就是说，4 岁前，学前儿童可分辨基本色；4 岁后，学前儿童渐渐能区别颜色的深浅和色调倾向。这一步步的发展为学前儿童对色彩的运用提供了前提，在运用色彩的过程中学前儿童对颜色的敏感性和表达情感的能力随着年龄增长又有所增进。

以画面色彩与再现客观事物或表现主观情感有无关系及关系的密切程度为标准，学前儿童对色彩的运用可以分为三个阶段，即涂抹阶段、装饰阶段、再现和表现阶段。

第一，涂抹阶段。年幼的学前儿童，在约 4 岁之前，属于涂抹阶段，他们喜欢摆弄画笔，用颜色涂涂抹抹，但这大都与再现事物的客观色彩和表现主观情感无关，学前儿童是在探索和认识色彩。

学前儿童用画笔描绘事物的初期，不大考虑画笔的色彩，什么色彩都行，这时的画一般都是单色的，经常是学前儿童能得到什么颜色的画笔，画中就更多地出现什么颜色。渐渐地，学前儿童对一两种色彩产生了喜爱或讨厌的情感，于是开始更多地选用他们喜欢的色彩，而拒绝选用他们不喜欢的颜色。有时会出现这种情况，即学前儿童执意要成人给他某种颜色的画笔，通常是红色的，如果一时找不到，学前儿童就会显出十分着急、渴望的表情，而当拿到喜爱的画笔以后，就会满意地画起来。进入这一阶段以后，画中经常出现的大都是他们喜爱的色彩。

第二，装饰阶段。经过一个阶段的玩色和较单调地运用色彩之后，学前儿童对颜色的认识达到一定程度，于是，进入色彩运用的第二个阶段。这时，他们对色彩产生极大热情，喜欢的色彩多起来，不喜欢的色彩也随之增多。这时，他们画中的色彩也多起来，学前儿童把自己认识和掌握的颜色到处运用，画面被涂得五彩缤纷。有些研究者将此称为"花哨涂染"或"结构性涂染"。这是学前儿童期绘画中一种很普遍、很突出的现象。此时，学前儿童对色彩的运用，没有再现或表现的意图，主要是满足个人美感的需要，有明显的装饰性。

学前儿童对色彩的美感主要取决于各种色彩的知觉特征与个人性格气质特征之间的关联。例如：红、橙、黄、绿比较温暖明快，与学前儿童活泼旺盛的生命力相一致，因此为一般学前儿童所喜爱；而黑色、灰色、棕色显得比较沉闷，很多学前儿童把它视为反面色彩，不喜欢它们。

此时，有些对色彩较敏感的学前儿童，开始将色彩同他们对事物的情感联系起来，用喜爱的色彩描绘自己喜爱的事物，而把认为不好的色彩画在自己不喜欢的物体或无足轻重的东西上。学前儿童此时对色彩的运用有很强的主观好恶倾向，而无理性积淀作为指导。

第三，再现和表现阶段。大约在学前儿童末期，第三个阶段开始了。有些学前儿童会发出表现事物的客观颜色的愿望，也就是说，一些学前儿童有了再现物体固有色的想法。例如，大些的孩子在画熊猫时必用黑白两色，画小鸡时必用黄色，因为他们意识到，不这样赋色，这两样动物看起来就不像了。但在那些不使用固有色而并不影响表现的真实性的情况下，学前儿童还是尽其所能地给形象赋色。如画衣服、交通工具、建筑等人造物时，按照个人的爱好赋色，不会影响物体的真实感，所以，还是有大量的事物可供学前儿童装饰和美化，满足他们的美感需要。学前儿童运用色彩表达情感的方式虽然简单和原始，但并不错误，相反，画面产生的独特的美感是值得欣赏的。艺术旨在表现人的情感，按照物体固有色赋色并不是美术的目标，正确的做法是保持学前儿童对色彩的兴趣和热忱，启发他们体验色彩的美感，鼓励他们大胆地运用色彩去"说话"。

（二）涂色

在我国，学前儿童经常使用的绘画工具是彩色墨水笔、油画棒、蜡笔和彩色铅笔。近年来，使用水粉、水彩等颜料和工具有所增多。使用这些工具绘画一般是首先画好轮廓，其次在轮廓内涂色。学前儿童在这方面的发展情况如下：

第一，涂色面积的变化。起初，学前儿童画画时往往只用画笔勾画出一个轮廓，一般 3 岁左右的学前儿童把形象的轮廓画完后，很少再给它涂色。逐渐地，随着学前儿童对画笔运用熟练程度的提高和对色彩兴趣的增长，在教师的指导下，学前儿童会给画中形象的某些部分涂上颜色。一般 4 岁以上的学前儿童开始会给形象小面积地涂色。五六岁以后，学前儿童除了用笔更加熟练以外，运用色彩表现的愿望也增强了，他们开始给形象大面积地涂色，有些学前儿童会将画面渲染得五彩缤纷。

第二，涂色质量的变化。三四岁的学前儿童在涂色时是非常杂乱无顺序的，不仅笔道不分化，而且涂得也不均匀，结果是有的地方挤在一起过于浓密，有的地方又过于稀疏，留下许多空白，还经常涂出轮廓线。逐渐地，随着手的动作的灵活性和准确性的提高，学前儿童能够控制手的动作，能顺着形象的轮廓，用方向一致的线条均匀地涂色，不留空白，不出边框。

第四章 学前儿童美术教育目标与内容

学前儿童美术教育目标是学前儿童教育活动的方向和准则，学前儿童美术教育内容是学前儿童美术教育目标达成的关键。本章在介绍学前儿童美术教育目的、任务的基础上，根据《幼儿园教育指导纲要》《3—6岁儿童学习与发展指南》《学前儿童美术教育》课程标准等文件精神分析了学前儿童美术教育目标的结构体系，说明了学前儿童美术教育活动目标的表述方法，介绍了学前儿童美术教育的内容范围，引导学习者在学前儿童美术教育目标指导下开展学前儿童美术教育活动。

第一节 学前儿童美术教育目的与任务

一、学前儿童美术教育的目的

教育目的是一种关于教育过程预期结果的价值取向，它对教育任务的明确、教育制度的建立、教育全过程的组织都起着指导作用。由于社会对于教育结果的期待、受教育者本身条件，以及教育目的厘定者所持哲学观点的不同，使教育目的呈现多元化特点。学前儿童美术教育是学前教育的组成部分，其教育目的必然受到种种教育目的论的影响。然而，美术教育也有其自身的特点。这两种因素的结合，就形成了各种学前儿童美术教育的目的论。

（一）学前儿童美术教育的社会性目的

学前儿童美术教育的社会性目的随着时代和社会的需要而发生着变化。当前我国学前儿童美术教育的社会性目的，除了激发学前儿童的爱国主义精神和培养学前儿童的精神文明行为外，还在于通过美术教育对整个社会文化环境产生一种间接的、潜移默化的影响，形成良好的社会性文化氛围，以影响和改变人类的生存环境。通过美术教育活动为学前儿童提供必要的准备：①在情感和思想上有资格介入人类心灵交流的系统。②传承、发展本民族文化，兼容多元文化，形成现代审美文化观念。③创造艺术化的社会物质环境。这样才能实现美术教育的社会性终极目的：造就一代有艺术修养的高素质的公民，并在充满挑战和机遇的现代社会中，营造和谐美好的社会物质环境和精神环境，消除现代文明给人类带来的负面影响。

（二）学前儿童美术教育的个体发展目的

学前儿童美术教育的个体性目的，与其社会性目的是辩证统一的。学前儿童美术教育的个体性目的是由其社会性目的决定的，并受其制约，而社会性目的的实现只有落实到个体性目的之上才有意义。学前儿童美术教育的目的是学前儿童教育目的的一个组成部分，旨在促进学前儿童的全面发展，为顺利进入义务教育阶段做好准备。学前儿童美术教育的目的又有其独特之处，它与美术的特征紧密地联系在一起的。这种独特性反映了学前儿童美术教育的目的与其他科目或领域的教育目的的差异性。

学前儿童美术教育的个体性目的包括创造、欣赏和评价视觉艺术三个方面。

1. 创造视觉艺术的目的

作为一种视觉语言，美术表现是学前儿童的基本要求。学前儿童有创作这种艺术作品的冲动，对美术活动有更多的自觉性、依恋性。通过创造视觉艺术，应让学前儿童：①延长使用和掌握美术材料的过程；②学习运用创造的方式使用美术材料；③有强烈的动机参与美术创造活动；④发展选择和运用材料的工作能力，以及通过视觉艺术组织和表达情感和思想的能力。

创造视觉艺术的目的既强调学前儿童的自我表现和自由创造，实现顺应学前儿童的天性，满足学前儿童不同需要的教育价值，又强调了运用和掌握从事美术活动所必需的技能技巧的重要性，让学前儿童的发展在一定程度上纳入旨在促进学前儿童最大限度发展的有序轨道。

2. 欣赏视觉艺术的目的

人天生是爱美的，而美术教育能使人的审美水平达到新的境界，包括提高对视觉艺术的感性认识、扩大视觉艺术的视野、陶冶情操、净化心灵、完善人格等。通过欣赏视觉艺术，应让学前儿童：①认识和尊重自己和他人的视觉艺术工作；②理解和接受视觉艺术创造的不同目的和表现手法；③通过活动，熟悉视觉艺术的基本内容，如线、形状、颜色、质地、平衡等；④培养在生活中追求能唤起良好视觉意象的事物的动机。

视觉欣赏艺术的目的同样具有尊重学前儿童爱美天性和培养学前儿童审美能力两个方面。从文字感觉这个意义上说，我们可以设置发展学前儿童欣赏能力的条件。这些条件包括为学前儿童创造视觉艺术美的环境、对学前儿童的作品表示尊重和欣赏以及用美术欣赏的思想方法影响学前儿童。

3. 评价视觉艺术的目的

学前儿童不仅需要学习创造和欣赏视觉艺术，而且需要学习评价视觉艺术，学会评价自己和他人的美术创作。通过评价视觉艺术，应让学前儿童：①探索和初步理解人们创造美术作品的立场和角度；②命名和讨论视觉艺术的基本内容；③感悟美学原理，发展初步审美意识。

评价视觉艺术的目的虽然主要强调通过教学活动让学前儿童习得评价视觉艺术的能力，使学前儿童评价艺术的立场与标准日趋接近美学的基本原理和原则，但是要达到这一目的必须建立在尊重和理解学前儿童美术发展规律的基础之上。

二、学前儿童美术教育的任务

学前儿童美术教育的任务是根据我国的教育方针和幼儿园的教育任务提出来的。《幼儿园教育指导纲要》（以下简称《纲要》）指出，学前儿童艺术教育的教育要求是：①引导学前儿童接触生活中美好的事物和感人事件，丰富学前儿童的感性经验和情感体验；②引导学前儿童欣赏艺术作品，培养学前儿童表现美和创造美的情趣；③提供自由表现的机会，鼓励学前儿童大胆地想象，运用不同的艺术形式表达自己的感受和体验；④指导学前儿童利用身边的物品和废旧材料制作各种玩具、工艺装饰品，体验创造的乐趣；⑤为学前儿童创造展示自己作品的条件，引导学前儿童相互交流、相互理解和相互欣赏。在《纲要》教育要求的指导下，我们可以将学前儿童美术教育的任务作如下定位。

（一）喜爱美术活动，保持对美术活动的兴趣

兴趣是最好的老师，任何活动都要获得使学前儿童感兴趣的目的，学前儿童在活动之后不仅对活动本身感兴趣，还要把这种兴趣迁移到生活的其他方面，这才是成功的教育活动。兴趣是一种可持续发展的动力，它能促使学前儿童积极主动地投身美术活动，这样美术活动才会对学前儿童产生影响，从而促进学前儿童发展。

美术教育能够达到让孩子们喜爱美术活动是最为基本的要求。那么，孩子们对什么样的美术活动感兴趣呢？首先，美术活动要激起学前儿童具有探索的欲望。学前儿童总是对新奇的美术活动工具、材料、表现手法充满好奇，愿意尝试、接触。其次，美术活动还要提供学前儿童表达、操作的空间。对于某种材料、工具，孩子们总是愿意按照自己的愿望去操作，用自己的方式表达，这种自由的、宽松的环境是孩子们的最爱。最后，美术活动的生活化、游戏化，也是孩子们能够产生兴趣的重要方面。因为这个年龄阶段的孩子最喜欢游戏活动，让他们感到是在玩，他们就会放松、投入，这样的美术活动最受孩子们的欢迎。因此，学前儿童美术教育活动应该是能够满足学前儿童的好奇、好动、好玩、好自主等特点的综合性活动。

（二）丰富自身美术实践经验，建立初步的审美意识

审美意识简单来讲是一种审美价值观，是审美的判断和评价。它是审美能力的另一种表现形式，是同一事物的不同角度。审美意识是观念

性的东西，而审美能力是一种心理的功能。审美意识和审美能力结合为一体，共同存在于具体的审美活动过程中。

审美意识的培养有它独特的规律，它不是单一说教可完成的，也不能使用强制的办法。那么，什么方式才是正确的呢？根据上述审美意识与审美能力共同存在于审美活动的原理，必须把审美意识的培养与审美能力的提高结合起来，让学前儿童在具体的审美活动中，一边发展学前儿童的感受力、创造力、表现力与理解力，一边逐步让儿童形成良好的审美价值判断。这种培养使学前儿童的审美意识具有个体的、能动的、体验的特点，这样的审美意识才是真实的。因此，审美意识的教育不是束缚和压抑学前儿童的个性，而应该有利于学前儿童自觉追求审美价值，使他们的审美活动沿着健康的方向发展。

帮助学前儿童建立初步的审美意识，美术教育是一个非常重要的途径。加强学前儿童的美术实践活动，让他们参与和接触尽量多的美术类型，欣赏古今中外美术作品，开阔学前儿童审美视野，在满足个体美术活动需要的基础上，在学前儿童个体能动的美术创造和表现活动过程中，根据学前儿童实际需要对美术技能适当指导的情况下，帮助学前儿童积累更多的审美经验，由此形成的审美趣味范围和品位将得到扩大和提高。例如，法国的美术教学大纲在幼儿园阶段规定要有"为构造艺术作品所必需的各种实践。引导学前儿童观察、触摸、制作并完成：各种形状、物体和材料的视觉探索；各种色彩的视觉探索；完成'个人的美术馆'；手写、复写、印制、绘制、着色和拼贴，各种实践、塑造，在容器中想象一种颜料；分离、颠倒和提取各种元素的能力"。他们从幼儿园开始就注重学生对各种造型元素的认识，尝试各种媒介物的不同性能，为学前儿童更深刻地认识造型艺术打下了基础。可见，学前儿童的美术实践在对美术知识技能的探索和审美意识的形成中有着十分重要的地位。

（三）发挥美术的情感教育功能，促进学前儿童健全人格的形成

美术教育是美育的重要组成部分，它具有陶冶性情的功能。美术活

动可以帮助学前儿童个性情感获得有序化释放。因为，学前儿童美术活动具有创造性，而这种创造性是在学前儿童情感冲动的情况下产生的，学前儿童在情感的驱使下，通过建构活动来满足他的情感需要。那么，这种情感的释放在创造性表现中是自由的，没有其他的负担，因而美术活动帮助学前儿童进入他个人情感活动的内部，促进学前儿童的情感成长。也可以说，在美术活动中学前儿童的情感释放与情感升华是同时完成的，所以美术就起到了情感教育作用。

从发达国家美术教育的标准来看，特别强调把美术学习从单纯的技能、技巧学习层面提高到美术文化学习的层面。通过美术文化的学习，加强学前儿童情感的体验和美术文化的滋润，加深对文化和历史的认识，加深对艺术的社会作用的认识，促进情感、态度、价值观的发展，真正起到培养学前儿童人文精神的作用，这是新世纪美术教育的一大特点。

在学前儿童美术教育活动中，应该允许学前儿童用自己喜欢的方式进行美术表现活动，使美术活动更适应学前儿童的能力和发展水平；让他们结合自己的生活进行创造性的美术活动，满足他们兴趣爱好的需要；给他们提供各种美术活动的工具与材料，任学前儿童自己去选择与运用。总之，要营造一个宽松、舒适、自由、开放的环境，让学前儿童去创造、表现、想象、探索、发挥，从而实现情感调节，进而促进学前儿童健全人格的形成。

学前儿童美术教育的各项任务不能割裂对待，要在一个完整的教育过程中，有计划、系统地结合《纲要》中艺术教育的内容与要求逐步实施。

第二节　学前儿童美术教育目标

一、制定学前儿童美术教育目标的依据

学前儿童美术教育的目标是对学前儿童美术教育的目的和要求的归

纳，是学前儿童美术教育的具体标准和要求。制定学前儿童美术教育目标的依据主要是学前儿童美术发展的规律、学前儿童美术学科本身的特点及社会发展对学前儿童美术教育的要求等。

（一）学前儿童美术发展的规律

学前儿童美术的发展有其共同的规律，这是由学前儿童生理发育和心理发展的特点所决定的。如学前儿童绘画、学前儿童手工、学前儿童欣赏的发展都表现出相似的规律。这些规律能从视觉符号和视觉形象的角度，反映出某个时期学前儿童认知、情感和社会性发展的总体水平。因此，学前儿童美术教育活动终极目标的制定，必须依据学前儿童美术发展的规律，才能符合学前儿童生理发育的特点和心理发展的需求。迄今为止，人们对学前儿童美术发展的过程已有较为明确的认识，教师可以依据学前儿童美术活动过程及其作品，判断学前儿童美术发展的水平和状况。因此，在制定学前儿童美术教育活动的部分目标时，应立足于学前儿童现有的发展水平，让学前儿童充分地表现自我，满足自身的需要。同时，另一部分目标应超前于学前儿童的发展水平，设置在最近发展区内。这样的活动目标能激发和形成学前儿童目前还不存在的心理机能，更好地促进学前儿童美术的发展。

当然，学前儿童在美术发展过程中还受到美术教育和美术实践的影响，表现出美术发展水平的层次性，反映出学前儿童个体与众不同的个性、兴趣和需要。因此，具体的美术教育活动目标的制定，既要考虑学前儿童美术的整体发展水平，又要顾及学前儿童个体表现在美术方面发展的差异，使制定的目标能真正有益于学前儿童美术的发展。

（二）学前儿童美术学科本身的特点

学前儿童美术是学前儿童运用线条、造型和色彩等艺术语言从事的视觉艺术活动，并通过视觉形象的塑造，表达其对周围生活的认识和情感。在美术教育目标中包含着了解美术工具和材料的使用方法，并且通过学习和掌握粗浅的美术知识技巧，能够表达自己的审美感受。因此，学前儿童美术学科本身的性质和特点也是制定学前儿童美术教育活动目标的依据。

（三）社会发展对学前儿童美术教育的要求

社会发展对学前儿童教育的面貌和状态起着规范的作用，这是一种来自教育外部的制约性。学前儿童是未来社会的主人，社会的发展表明现代社会乃至未来社会不仅需要掌握一定的知识和技能的人才，更需要一个人格健康完善的人，即应该具有较多的创造力，是感性与理性的统一、人与自然的统一、人与社会的统一的人。这是学前儿童美术教育的立足点和归宿，也与《规程》中提出的把学前儿童培养成身心和谐发展的人的教育目标相一致。

二、学前儿童美术教育目标的结构及其分析

学前儿童美术教育的目标结构，是指学前儿童美术教育目标的较为稳定的组织形式。它包括学前儿童美术教育的总目标、分类目标、年龄阶段目标及具体的教育活动目标。一般来看，越上层的目标其概括性越高，而越下层的目标其概括性越低，可操作性越强。

（一）学前儿童美术教育总目标及其分析

学前儿童美术教育总目标是对学前儿童美术教育目标最概括的陈述，是其他层次目标的依据和基础。《纲要》把幼儿园教育划分为健康、语言、社会、科学、艺术五个领域，明确地把艺术领域的目标定为：能初步感受并喜爱环境、生活和艺术中的美；喜欢参加艺术活动，并能大胆地表现自己的情感和体验；能用自己喜欢的方式进行艺术表现活动。这一目标既考虑到学前儿童发展的年龄特征，又考虑了社会对未来人才的要求，也考虑到艺术学科本身的特点，其实质是健全和完善学前儿童人格的审美教育要求。学前儿童美术教育的总目标是艺术教育观念在美术教育课程的具体落实，具体表述如下：

第一，引导学前儿童初步学习感知周围环境和美术作品中的形式美和内容美，培养他们对美的敏感性。

第二，引导学前儿童积极投入美术活动中并学习自由表达自己的感

受，培养其对美术的兴趣以及审美情感的体验和表达能力，促进其人格的完善。

第三，引导学前儿童初步学习多种工具和材料的操作以及运用造型、色彩、构图等艺术语言表现自我和事物的运动变化，培养其审美表现和创造能力。

学前儿童美术教育总目标具有以下特点：

第一，学前儿童美术教育总目标把《规程》中的美育目标"培养学前儿童初步的感受美和表现美的情趣和能力"与美术学科本身的性质特点结合起来，做出了具体明确的阐述，体现出了审美教育的性质。

第二，学前儿童美术教育总目标规定了学前儿童审美心理结构中审美感知、审美情感和审美创造等基本能力。首先，审美能力的培养应该从审美感知能力入手，因为审美创造所需的内在图式与内在情感的积累，是通过感官对外部自然形式和艺术形式的把握来完成的。其次，学前儿童通过美术欣赏和美术创作活动，能产生审美愉悦感，丰富审美情感体验，最终促进学前儿童人格的完善。最后，在学前儿童美术教育活动中，审美创造能力的获得，会进一步促进学前儿童审美感知的敏锐和审美情感的丰富。

第三，总目标还指出了达到以上目标的途径，即通过教师引导学前儿童对周围环境和美术作品的欣赏，学前儿童在美术活动中自由自在的表达，以及学前儿童对美术工具和材料的操作，对线条、形状、色彩、构图等美术形式语言的学习与使用来进行。

（二）学前儿童美术教育分类目标及其分析

学前儿童美术教育目标有不同的分类方法。按照美术学科本身的性质，可以将学前儿童美术教育的总目标分为绘画、手工和欣赏三种类型。按照布鲁姆提倡的教育目标分类标准可以分为认知、情感和技能三个方面。也有把二者融合在一起的。在这里，我们采用第三种方法，即把学前儿童美术教育目标分为绘画、手工和欣赏三种类型，每种类型又从认知、情感、技能和创造性等几个方面阐述具体的要求。

1. 绘 画

（1）引导学前儿童初步学习感知、理解线条、造型、色彩、构图等艺术语言，并学习大胆地运用这些艺术语言进行创造性的表现，培养其绘画创造力和创造意识。

（2）引导学前儿童体验绘画活动的乐趣，培养他们对绘画活动的兴趣。

（3）引导学前儿童初步学习多种绘画工具和材料的基本使用方法，帮助他们形成良好的绘画习惯。

2. 手 工

（1）引导学前儿童初步学习手工制作的基本规律，并学习大胆地运用这些基本规律创造性地塑造和制作多种平面的和立体的手工作品，用以美化周围环境和进行游戏活动。

（2）引导学前儿童体验手工活动的快乐，培养他们对手工活动的兴趣。

（3）引导学前儿童初步学习多种手工工具和材料的基本使用方法，帮助他们形成良好的手工活动习惯。

3. 欣 赏

（1）引导学前儿童初步学习一些粗浅的美术知识，了解对称、均衡、节奏、和谐等形式美的初步概念。

（2）引导学前儿童初步感受美术作品的造型、色彩和构图等的表现性以及周围事物的运动变化，并产生与之相一致的感觉和情感。

（3）引导学前儿童初步感受美术作品中的形象、主题内容的意义，帮助他们了解美术作品是如何表现现实生活和作者的思想情感。

（4）引导学前儿童体验美术欣赏活动的乐趣，培养他们对美术欣赏活动的兴趣。

（5）引导学前儿童初步学习评价成人和同伴的美术作品，培养他们的审美评价能力。

学前儿童美术教育分类目标具有以下特点：

第一，学前儿童美术教育的分类目标是总目标在绘画、手工和欣赏三个分类中的具体要求，不同分类有不同的侧重点。如分类目标从学前儿童美术教育活动的三种类型，即绘画、手工、欣赏的角度做了具体的描述。不同的领域侧重点不同。例如，绘画和手工类型侧重审美创造能力的培养，欣赏类型侧重审美感知能力的培养，而审美情感体验能力的培养则在三种类型中都有体现。

第二，学前儿童美术教育分类目标体现了学前儿童美术教育实践的启蒙性质。学前儿童美术教育分类目标虽然是以美术这门学科为依托来进行分类的，却没有完全照搬美术的学科框架结构，而是考虑到学前儿童发展的逻辑和经验的逻辑，因而在目标的表述中较多地使用了"初步""粗浅""基本"等限定用语。不论绘画、手工还是欣赏，都强调的是"粗浅的知识"和"基本方法"的学习，这不同于成人职业美术教育中深奥的美术知识与精巧的技能学习。如在欣赏、绘画、手工活动中都强调要让学前儿童体验这种活动的快乐，关注的是学前儿童情感的健康发展、对美术活动的参与性和积极主动性，它的最终落脚点是促进学前儿童人格的完善。

（三）学前儿童美术教育年龄阶段目标及其分析

学前儿童美术教育年龄阶段目标是将学前儿童美术教育活动分类目标具体分解和落实在学前儿童各个年龄阶段。具体表述如下：

1. 3～4岁（小班）学前儿童美术教育目标

（1）绘画教学目标

第一，引导学前儿童参加绘画活动，体验绘画活动的快乐，培养他们对绘画活动的兴趣，并养成大胆作画的习惯。

第二，引导学前儿童认识油画棒、蜡笔、水彩笔、水粉画笔和纸等基本绘画工具和材料，掌握其基本使用方法，养成正确的握笔方法和作画姿态。

第三，引导学前儿童学会画线条（直线、曲线、折线）和简单形状（圆形、方形等），并用于表现日常生活中熟悉的、简单物体的轮廓特征。

第四，引导学前儿童学会认识红、黄、蓝、橙、绿、棕、黑、白等基本颜色，并选用多种颜色作画。

第五，学习区分并尝试画出主体色和背景色，培养他们对使用颜色的兴趣。

第六，引导学前儿童学会在画面的中心位置安排主要形象，并把它画大些。

（2）手工教学目标

第一，引导学前儿童参加手工活动，体验手工活动的快乐，培养他们对手工活动的兴趣并愿意尝试各种手工工具和材料，培养学前儿童安全、卫生、整洁的手工活动的习惯。

第二，引导学前儿童学习用糨糊、胶水等粘贴沙子、种子等点状材料。

第三，引导学前儿童学习撕、拼贴、折（对边折、对角折）、印纸等面状材料。

第四，引导学前儿童体验泥的可塑性，学习用搓、团圆、压扁、黏合的方法塑造简单的立体物象。

（3）欣赏教学目标

第一，引导学前儿童参加美术欣赏活动，体验美术欣赏活动的快乐，培养他们集中注意力欣赏的习惯。

第二，引导学前儿童欣赏具有鲜明色彩和简单造型的物品和美术作品，使他们能对这类形象感兴趣。

第三，引导学前儿童欣赏同伴的美术作品。

2. 4～5 岁（中班）学前儿童美术活动目标

（1）绘画教学目标

第一，引导学前儿童在小班的基础上进一步学习多种绘画方法（如蜡笔画、水粉画、水墨画等），体验绘画的快乐。

第二，引导学前儿童学习用各种线条和形状表现感受过的物体的基本结构和主要特征。

第三，引导学前儿童学习认识 12 种颜色并学会辨别同种颜色的深浅，学习用较丰富的颜色作画。

第四，引导学前儿童初步学习在画面上安排物体的上下、左右关系。

第五，引导学前儿童学习在规则的纸形（长方形、正方形）和生活用品纸形上用简单的花纹（如小圆圈、小花朵、小叶片、小动物等）进行装饰，并能用对比色涂出鲜艳、美丽的画面。

（2）手工教学目标

第一，引导学前儿童正确地使用多种手工工具和材料，使他们喜爱各种手工活动。

第二，引导学前儿童学习用比小班丰富、复杂的点状材料（如木屑、纸屑、泡沫屑）拼贴出简单的物象，表现简单的情节。

第三，引导学前儿童学习用纸折出（按中心线折、双正方折、双三角折）、剪贴出简单的物象。

第四，引导学前儿童在小班的基础上学习用捏的方法塑造简单的立体物象。

第五，引导学前儿童初步学习用其他点状、线状、面状和块状的自然物和废旧的材料制作玩具。

（3）欣赏教学目标

第一，引导学前儿童欣赏并初步理解作品形象和作品主题的意义，使其知道美术作品能反映现实生活和人的思想感情。

第二，引导学前儿童初步欣赏并感受作品中形象的造型美、色彩的变化与统一美、构图的对称与均衡美。

第三，引导学前儿童欣赏与他们的生活经验有关的、能理解的成人和同伴的美术作品及日常生活中的玩具、生活物品、节日装饰、环境布置等，产生与作品相一致的感觉和情感，培养他们关注具有美感的事物。

3. 5～6岁（大班）学前儿童美术教育目标

（1）绘画教学目标

第一，引导学前儿童学习使用多种绘画工具和材料，运用不同的技法表现自己的思想和感受，体验创造的快乐。

第二，引导学习完整地表现感受过的或想象中的物体的动态结构和简单情节。

第三，引导学前儿童学习深浅、冷暖颜色的搭配，并初步学习根据画面的需要，恰当地使用颜色表现自己的情感。

第四，引导学前儿童学习表现前后、远近等简单的空间关系及主题与背景的关系。

第五，引导学前儿童学习在各种几何形纸（如圆形、三角形、菱形等）和生活用品纸形上，用一些简单的、具有民族特色的花纹有规律地进行装饰，能用同类色或近似色装饰画面，使画面层次清楚、色彩和谐。

（2）手工教学目标

第一，引导学前儿童较熟练地使用和选择手工工具和材料，创造性地表达自己的意愿。

第二，引导学前儿童学习用多种点状材料拼贴物象，表现简单的情节。

第三，引导学前儿童学习用多种技法将纸折出物体的各个部分，组合成整体物象。

第四，引导学前儿童学习用目测的方法将纸等面状材料分块剪、折叠剪来拼贴平面的物象或制作立体的物象。

第五，引导学前儿童学习用伸拉的方法并配合其他泥工技法塑造结构较复杂的物象，表现主要特征和简单细节。

第六，引导学前儿童综合运用各种工具、材料和技法制作教具、玩具、礼品、演出服饰、道具等布置环境，并注意装饰美。

（3）欣赏教学目标

第一，引导学前儿童学习欣赏感兴趣的绘画、工艺、雕塑、建筑等艺术作品，培养他们初步发现周围环境和美术作品中美的能力。

第二，引导学前儿童了解作品简单的背景知识，进一步感受和理解作品的形象和主题意义，知道美术作品如何反映现实生活和人的思想感情。

第三，引导学前儿童欣赏并感受作品中形象的造型美、色彩的色调及其情感表现性，构图的对称、均衡、韵律与和谐美。

第四，引导学前儿童积极主动参与美术欣赏活动，学习用语言、动作、表情等表达自己对作品的感受和联想。

学前儿童美术教育年龄阶段目标是学前儿童美术教育活动分类目标在学前儿童各个年龄阶段的具体分解和落实。学前儿童美术教育年龄阶段目标具有以下特点：

第一，阶段目标对3～6岁不同年龄学前儿童提出了不同程度要求，不仅适应学前儿童发展的水平，而且能促进学前儿童发展。学前儿童美术教育分类目标指出了整个学前阶段的学前儿童在绘画、手工和欣赏三个领域应该达到的总要求。学前儿童美术教育年龄阶段目标是在分类目标基础上对3～6岁年龄阶段的学前儿童应该达到的具体要求，是对分类目标的展开和深化。从小班到中班，再到大班，其要求呈逐渐复杂、逐步加深、层层提高的趋势。整个年龄阶段目标是针对不同的年龄阶段学前儿童的年龄特征提出的，它符合各阶段学前儿童身心发展的特点。从生理上看，学前儿童绘画所需的动作发展顺序是大肌肉动作到小肌肉动作再到精细肌肉动作；从心理上看，学前儿童的感知、记忆、想象、思维、情感等都在逐步提高、分化；从难度上讲，这些年龄阶段目标是大多数学前儿童在教师指导下经过自己的努力能够达到的，不仅适应学前儿童发展的水平，而且能够促进学前儿童发展。

第二，学前儿童美术教育年龄阶段目标为单元目标和具体教育活动目标的制定指明了方向，即年龄阶段的目标再逐步分解即单元目标和活动目标，单元目标和活动目标是年龄阶段目标的具体化。这样，教师的教学就有了非常具体的指向。例如，以4～5岁（中班）学前儿童美术教育年龄阶段绘画目标"引导学前儿童学习用伸拉的方法并配合其他泥工技法塑造结构较复杂的物象，表现其主要特征和简单细节"为方向，教师可以设计出泥工单元活动"热闹的动物园"，主要目标是"学习用伸拉的方法并配合其他泥工技法塑造结构较复杂的各种常见动物形象，表现其主要特征和简单细节"。又如，以 3～4 岁（小班）年龄阶段绘画目标"引导学前儿童学会画线条（直线、曲线、折线）和简单形状（圆形、方形等），并用于表现日常生活中熟悉的、简单的物体的轮廓特征"为方向，教师可以设计出绘画单元活动"美丽的春天"，主要目标可以确定为"学会画线条（直线、曲线、折线）和简单形状（圆形、方形等），并用于表现春天中的雨、花卉等各种常见景物形象的轮廓特征"。

（四）学前儿童美术教育活动目标及其分析

幼儿园美术教育活动目标是指某一具体的美术教育活动的目标，它是最具体的目标，学前儿童美术教育的所有目标最终都要通过教育活动目标才能得以落实。一般来说，美术教育活动目标是对一次美术活动结果的预示，也是对学前儿童提出的具体活动要求。例如：在总目标要求中，有一项是培养学前儿童的审美创造能力，这种审美创造能力具体到分类目标中就是学前儿童在美术欣赏活动中的主动获得美感、在绘画活动中的创造、在手工活动中的创造；而绘画活动的创造具体到各年龄段，就体现在形式（造型、色彩、构图）和内容创造上的程度不同；绘画创造的年龄阶段目标具体到单元目标中可能就是某一个月的"引导学前儿童学习用色彩来表现自己的情感"这样的目标；而这一单元目标再具体到某一个教学活动中，其目标可能就是"引导学前儿童学习用明快的暖色表现愉快的情绪"。

学前儿童美术教育活动目标具有以下特点：

第一，活动目标与学前儿童美术教育总目标和年龄阶段目标保持一致性。也就是说，教学活动目标的积累就构成年龄阶段目标。教育活动目标是年龄阶段目标（或单元目标）的具体化和展开，它必须与总目标、年龄阶段目标一致。教师在制定具体教育活动目标时，应深入、细致、透彻地研究各层次的目标，透彻把握各层次目标的内涵及其相互间的关系，防止不同层次目标的脱节，并增强目标意识，确保目标的实现，以真正促进学前儿童的发展。

第二，关注学前儿童的发展，目标要注意整合性。学前儿童美术教育活动目标是具体的美术教育活动的目标，学前儿童美术教育的其他目标最终都要通过教育活动目标才得以落实。因此，活动目标要关注学前儿童的发展，目标要注意整合性。关注学前儿童的发展，一方面是指活动目标应适应学前儿童已有的发展水平，符合他们美术学习发展的规律和特点；另一方面是指活动目标应把学前儿童在他人的帮助下能达到的水平，即把促进学前儿童的发展作为落脚点，也就是说，要为学前儿童创造"最近发展区"。目标的整合性主要表现为：一是指活动目标要考虑学前儿童的认知、情感、技能等多方面的整合；二是指活动目标要考虑美术与其他教育领域的整合，促进学前儿童的全面发展。

第三，教育活动目标是最具体的目标，具有可操作性。学前儿童美术教育活动的上述目标还是比较笼统的，在实施美术教育活动时，要根据不同的活动（如绘画、手工、欣赏等），以及不同的教育对象，将年龄阶段目标细化成每个教育活动的具体目标，这样才能便于操作。因此，一般来说，具体的美术教育活动目标既是对活动结果的预示，也是对学前儿童提出的具体活动要求。例如，小班绘画活动"果子熟了"活动目标：认识果子的基本形状和颜色；能用食指蘸颜色点印果子；能通过活动感受秋天水果丰收的喜悦；能尝试用自己喜欢的排列方式进行手指印画，感受不同排列、组合印画的美。

三、学前儿童美术教育活动目标的表述

一般来说，美术教育活动目标是对一次美术活动结果的预示，也是对学前儿童提出的具体活动要求。这也可以从教师教学的角度表述，但由于学前儿童美术教育活动目标是通过活动对学前儿童的期望结果，故从学前儿童的角度表述更直接、更确切。一般采取行为目标、展开性目

标和表现目标三种表述方式。

（一）行为目标

行为目标表述的是学前儿童学习行为变化的结果，这种行为变化的结果是可以观察和测量的。

马杰（R. F. Mager）认为，行为目标应包括三个组成部分：①要学前儿童外显的行为表现；②能观察到的这种行为表现的条件；③行为表现公认的准则。

在学前儿童美术教育活动中可以分别对应：①学前儿童自身表现出的美术行为方法，如"画出""印出""做出""折出""剪出"等；②学前儿童的这种美术行为是在什么样的情况下产生的，如"在教师指导下的""独立的""临摹的"等；③行为表现的具体标准，如"画出春天的花朵""印出四方连续图案画布""折出一只小鸟""剪出窗花"等。

一般来说，美术知识和美术技能的学习，可采用行为目标的表述法。教师在具体撰写时，应注意行为目标的三个方面的完整性和具体性。例如，"在教师的指导下，学会用线条画出苹果的基本形状特征"；又如，"初步学会用对折剪的方法剪出窗花"等就较完整和具体。

采取行为目标的表述方式，其优点在于它的具体性和可操作性。但是，在学前儿童美术教育活动中，并非所有的内容都能用被观察到的行为加以表述，因此，在表述行为目标时还要关注其他有价值的内容，保证活动目标的科学性。

（二）展开性目标

展开性目标也可称过程目标，描述的是学前儿童学习行为变化的过程，它关注的不是外部事先规定的目标，而是强调教师根据实际的活动进展情况提出的相应目标。它与行为目标的区别在于：行为目标关注行为的结果；而展开性目标关注的是行为进展的过程。

英国学者斯腾豪斯（L. Stenhouse）认为，教育由四个不同的过程组成。它们分别是：①技能的掌握；②知识的获取；③社会价值和规范的确立；④思想体系的形成。如果说前两个过程可以用行为目标表达的话，那么后两个过程则必须通过展开性目标来表述。在学前儿童美术教育活动中，学前儿童能力的发展、习惯的养成、艺术修养和情操的陶冶、人格的健全和完善，是一个长期的注重过程性的教育。这种目标的表述，需要用展开性目标的形式来表述。如大班美术欣赏活动"高高兴兴过大年"的目标"能够关注生活中美的事物"和小班泥工"汤圆"的目标"养成注意整洁的良好习惯"等，都是用展开性目标的形式来表述的。

学前儿童美术教育活动的展开性目标有着丰富的内涵，教师撰写这类目标时，应注意深入研究学前儿童身心发展的年龄特征，全面了解美术学科本身的性质，熟悉学前儿童美术发展的状况。同时，在展开性目标实施的过程中，要根据活动的实际进展情况，注意灵活机动地调整目标，以促进学前儿童更好地发展。

（三）表现目标

表现目标表述的是学前儿童在某种活动后所得到的各不相同的结果。它关注的是学前儿童在活动中表现的某种程度上的首创性的反应形式，而不是事先规定的学前儿童行为变化的结果。表现性目标强调的是学前儿童行为结果的开放性，如"利用教师提供的各种不规则的彩色图形，想象拼贴出一幅美丽的画""学习设计花布，注意色彩和装饰纹样的变化"等，都是表现目标的描述方式。

在学前儿童美术教育活动中，教师希望学前儿童能独特而富于想象力地运用和处理美术材料；在解决问题及美术创作方面，不存在单一的正确答案。表现目标体现了艺术的本质特征即独创性，它是对行为目标的补充，而不是取代。

表现目标与行为目标是相辅相成的。表现不仅是感情宣泄的渠道，而且把感情、意象和观念转变托付给了材料，通过这一转变，材料成了表现的媒介。在此过程中，技能有不可或缺的重要性。没有技能，转变就不可能发生。学前儿童在活动中获得了技能，便能运用于自己的表现活动中去。因此，行为目标使学前儿童得到了系统的技能训练，掌握了美术工具和材料的正确使用方法，使表现成为可能；而表现目标则鼓励学前儿童运用已有的技能，拓展并探索他的观念、意象和情感。

总之，学前儿童美术教育活动的三种目标，取向各有所长。教师在制定和表述时，应特别注意各种形式目标的互补性，用恰当的表述方式来撰写，扬长避短，从而有效地实现学前儿童美术教育的总目标。

第三节　学前儿童美术教育内容

学前儿童美术教育的内容是教育者为学前儿童选择的学习经验，即美术形式、美术内容及其运用的总和。对学前儿童来说，把整个美术学科作为美术教学内容显然是不合适的。美术教育内容是目标是否达成的关键，也是整个美术教育发挥其价值的关键。因此，如何选择和选择哪些内容就成了学前儿童美术教育至关重要的一步。

一、《纲要》对幼儿园艺术教育内容的规定

《纲要》明确规定了幼儿园艺术教育的具体内容和要求：

1. 引导学前儿童接触周围环境和生活中美好的人、事、物，丰富他们的感性经验和审美情感，激发他们表现美、创造美的情趣。

2. 在艺术活动中面向全体学前儿童，要针对他们的不同特点和需要，让每个学前儿童都得到美的熏陶和培养。对有艺术天赋的学前儿童要注意发展他们的艺术潜能。

3. 提供自由表现的机会，鼓励学前儿童用不同艺术形式大胆地表达自己的情感、理解和想象，尊重每个学前儿童的想法和创造，肯定和接纳他们独特的审美感受和表现方式，分享他们创造的快乐。

4. 在支持、鼓励学前儿童积极参加各种艺术活动并大胆表现的同时，帮助他们提高表现的技能和能力。

5. 指导学前儿童利用身边的物品或废旧材料制作玩具、手工艺品等来美化自己的生活或开展其他活动。

6. 为学前儿童创设展示自己作品的条件，引导学前儿童相互交流、相互欣赏、共同提高。

从上述《纲要》艺术教育的内容可以看出，学前儿童美术教育的内容主要来源于学前儿童的日常生活，必须能拓宽学前儿童视野，培养学前儿童实践动手能力和激发学前儿童想象力与创造力。

二、学前儿童美术教育内容选择的依据

学前儿童美术教育的内容是指美术教育中学前儿童所要学习的美术形式、美术内容及其运用的总和。

学前儿童美术教育的内容是实现教育目标的载体，必须依据学前儿童美术教育的目标才能达到为目标服务的目的。学前儿童美术教育的内容最终要通过学前儿童自身的内化才能对其发展起促进作用，因此，它又必须符合学前儿童美术发展的规律与年龄特点。《纲要》指出，教育活动的内容应体现的原则：①既适合学前儿童的现有水平，又有一定的挑战性；②既符合学前儿童的现实需要，又有利于其长远发展；③既要贴近学前儿童的生活来选择学前儿童感兴趣的事物和问题，又要有助于拓宽学前儿童的经验和视野。就学前儿童美术教育而言，教育内容的选择在遵循学前儿童心理逻辑和生活逻辑的同时，也要考虑美术学科所具有的独特和审美这一本质特点。

（一）接近学前儿童的生活经络

阿恩海姆认为，在发育的初级阶段上，心灵的主要特征就是对感性经验的全部依赖。对于那些幼小的心灵来说，事物就是他们看到的、听到的、接触到的或闻到的那个样子。他认为，学前儿童的思维问题的解决和概括绝大部分都是在知觉水平上进行的。因此，只有那些被学前儿童直接感知过的美术教育内容，才能被同化到自己的审美心理结构中去。为此，教师选择美术教育内容时，要注意结合学前儿童的兴趣和需要，结合他们感知过的有过积极的情感体验的现实生活。如在大班学前儿童参观海底世界后，安排绘画活动"海底世界"，这个内容是学前儿

童直接感知过的，能激发学前儿童创作的激情和欲望。

（二）注重作品的审美性

儿童学习发展指南的相关要求指出，学前儿童美育目标是培养学前儿童初步的感受美和表现美的情趣和能力。学前儿童美术教育从本质上说属于审美教育的范畴，美术教育的根本任务应该是对个体进行审美、创造美的教育。因此，在学前儿童美术教育活动中，必须选择符合学前儿童认识美的特点的内容，引导学前儿童充分感知，丰富和发展学前儿童的审美情感，培养学前儿童的审美表现能力，并能按照学前儿童的审美标准和美的规律，将学前儿童感受世界的审美能力变为他们的内心需要和自我发展的内在动力，进而健全和完善学前儿童的人格。如春天到了，万物复苏，整个大地都披上了点点新绿，各种鲜花争相怒放，小鸟也按捺不住喜悦停在枝头歌唱……春天是多么美好！于是，教师在春天来临时，选择描绘"美丽的春天来了"的内容，带领学前儿童到大自然中去看看、听听、摸摸、闻闻，充分感知春天的美丽，进而通过创作活动，激发学前儿童热爱春天、热爱大自然的美好情感。

（三）内容安排应注意纵向顺序和横向联系

纵向顺序是指同一种类美术活动内容之间的互相排列。例如，对于美术欣赏活动内容安排：小班安排欣赏"大班哥哥姐姐的画""秋天的水果""秋天的树叶""布娃娃""小花伞"等学前儿童生活中熟悉的直接接触到的美好事物；中班安排"布老虎""民居建筑""节日的环境"；大班安排梵高的作品《向日葵》《剪纸》《茶具》，徐悲鸿的《奔马》等。这些美术教育内容在帮助学前儿童建构审美心理结构方面是有序的、连续的、层层推进的，同时也是由易到难、由简单到复杂逐步深化的。

横向联系是指不同种类美术活动之间的相互联系。例如，在绘画活动中安排画"糖葫芦"，在手工活动中安排做"糖葫芦"；又如，欣赏过"美丽的窗花"后，安排手工"剪窗花"，再将剪好的窗花进行环境布置。这种横向联系内容的安排，能帮助学前儿童从各种角度认识、感知事物，学习多种表现技能，体会同一事物的不同质感美。如画的糖葫芦是平面的，而手工做的糖葫芦是立体状的，作品的显现状态和活动的过程带给学前儿童的审美感受是不一样的。

（四）注意与其他领域活动内容的整合

艺术来源于生活，学前儿童美术活动的内容来源于学前儿童的生活。其他领域的活动带给学前儿童的经验，必然产生丰富深刻的体验，积淀于学前儿童的生活之中。因此，学前儿童美术活动的内容往往可以选择语言、科学、社会、健康、音乐等领域的活动内容。例如，社会领域中有认识了解国旗、长城、天安门、家乡等内容，美术活动内容可以选择画国旗、长城、天安门、美丽的家乡等。又如，中班语言活动"吹泡泡"（星星是月亮吹出的泡泡，露珠是小草吹出的泡泡，葡萄是藤儿吹出的泡泡……），美术活动可选择画吹泡泡的内容。这种整合，可以帮助学前儿童建立起各种学习内容之间的内在联系，巩固他们对周围事物的认识和理解，提高综合素质能力。

三、学前儿童美术教育的内容范围

学前儿童美术教育活动在内容上包括三个既相对独立又相互联系的领域，即绘画、手工和美术欣赏。

（一）学前儿童绘画教育内容范围

学前儿童绘画教育活动是教师引导学前儿童使用各种笔、纸等绘画工具和材料，运用线条、造型、色彩、构图等艺术语言创造出视觉形象，从而表达创作者思想、情感的一种教学活动。学前儿童绘画教育内容主要有以下几方面：

1. 绘画工具和材料的使用方法

（1）各种绘画工具和材料的性质。例如，油画棒的油性，水粉颜料、水彩颜料的水性，宣纸的渗透性等。

（2）各种绘画工具和材料的正确使用方法。从不同的工具和材料看，学前儿童可学习的有彩笔画、水粉画、蜡笔水彩画、水墨画、印画、纸版画、吹画、喷洒画、吸附画等形式。

2．良好的绘画习惯

（1）培养学前儿童认真准备的习惯；

（2）培养学前儿童专心倾听的习惯；

（3）培养学前儿童集中注意力完成作品的习惯；

（4）培养学前儿童大胆作画的习惯；

（5）培养学前儿童注意课堂卫生与安全意识的习惯。

3．绘画的形式语言

绘画的形式语言是指线条、形状、色彩、构图等美术要素，是绘画表现的手段。美术教育中学前儿童所要学习的绘画形式语言主要有线条、形状、色彩和构图。

（1）线条。线条是造型的基本要素之一，在绘画中线条能表现物象、表达情感、显示个人风格。学前儿童对线条的学习主要包括：①线条的形态，有直线、曲线和折线三种形态；②线条的变化，有线条的方向、长度、质感等的变化。线条的方向变化包括直线的垂直、水平、倾斜、平行、交叉、穿插等变化，如"格子花布"等。曲线因圆弧度的大小、方向转换的不同而呈现的变化，如"小蜗牛""美丽的叶脉""菊花"等。线条的长度变化包括线条的长短变化，如"大雨和小雨"。线条的质感包括线条的粗、细、疏、密变化，如"盛开的花朵"等。

（2）形状。形状是由线条构成的轮廓和结构，也是造型的基本要素之一。形状是形成画面形象的基础。学前儿童对形状的学习主要包括：①基本几何形状，有圆形、正方形、长方形、三角形、梯形、椭圆形等，如"吹泡泡""节日的彩旗"等；②基本几何形状的组合，即上述基本几何形状组合成合理的结构，如"火车""摩天大楼"等；③自然形体，是指用连续不断的线条将物体的各部分融合成有机整体，如"小小手""各种动物"等。

（3）色彩。色彩是绘画基本要素之一，色彩有再现性色彩和表现性色彩两种类型。再现性色彩是指再现客观对象色彩关系给人的真实视觉感受，是一种写实的色彩。中国画论中称之为"随类赋彩"。表现性色彩是创作者从表现意图出发，主观进行的色彩搭配，它服从创作者对画面色彩构成的直觉需要。

表现性色彩可分为装饰性色彩和情绪性色彩。学前儿童对色彩的学习主要包括：①色彩的色相、明度、饱和度的辨认。色彩的色相是指色彩的相貌、名称。学前儿童要辨认三原色——红、黄、蓝，三间色——橙、绿、紫，常见的复色，如红灰、绿灰、蓝灰、紫灰，以及五彩色——黑、白、灰。以色相为基础，学前儿童可学习感受冷色与暖色。色彩的明度是指色彩的明暗程度。学前儿童要辨认出明度高的颜色，如黄色、白色等，明度低的颜色，如黑色、紫色等；并辨认以明度为基础，一种原色加黑和加白所造成的颜色的深浅。色彩的饱和度（又称彩度、纯度）是指色彩含色味的多少程度。②色彩的运用。学前儿童学习运用色彩的内容主要包括随类赋彩、主体色与背景色关系的处理、色彩的装饰和色彩的情感表现等。

（4）构图。构图是指在一定的空间安排和处理人、物的关系和位置，把个别或局部的形象组成艺术的整体，以表达作品的主题思想和美感效果。简单地说，就是形象在画面中占有的位置和空间所形成的画面分割形式。构图需要把握整体的能力和预先构思能力，这对于学前儿童来说有一定的困难，因此需要他们逐步学习。学前儿童对构图的学习主要包括：①单独构图。单独构图是指画面上只有单个形象。学前儿童要学习把单个形象大胆、清楚地画在画面的中心位置上，如"夏天的梧桐树""美丽的大蝴蝶"等。②并列构图。并列构图是指画面上并列安排着数个形象。学前儿童要学习有节奏地在画面上并列安排主要形象与次要形象，如"马路上来来往往的汽车""我跟老师学跳舞""花边"等。③不对称的均衡构图。不对称的均衡构图是指均衡地安排、布置画面。不对称的均衡构图对于学前儿童来说比较困难，大班时期，学前儿童可在欣赏不对称的均衡构图作品的基础上学习不对称的均衡构图，如"动物园""农贸市场"等。

4. 绘画的题材

绘画的题材是指创作者在生活中形成的，根据一定的创作意图进行选择、改造或想象而进入作品的一定生活现象。它是构成绘画作品内容的基本材料，是作品内容的基础。学前儿童绘画的题材往往来自学前儿童的生活。学前儿童学习绘画的题材有：

（1）自然景物，如太阳、花、草、树等。

（2）日常用品，如服装、玩具、家具等。

（3）人物，如不同性别、不同年龄、不同职业、不同姿态的人。

（4）蔬菜与水果，如青菜、黄瓜、萝卜、苹果、梨、香蕉、菠萝等。

（5）动物，如家禽、家畜、野兽等。

（6）交通工具与生产工具，如汽车、船只、飞机、火箭、吊车等。

（7）建筑物，如幼儿园、住宅小区、大桥等。

（8）简单生活事件，如家庭生活、同伴活动、外出旅游等。

（9）想象中的物体与事件，如未来汽车、海底世界、我长大了干什么、我的梦等。

（10）装饰画，如几何图形装饰等。

（二）学前儿童手工教育内容范围

学前儿童手工教育活动是教师引导学前儿童直接用双手或通过操作简单工具，运用贴、撕、折、剪等手段对可变性较强的物质材料进行加工、改造，制作出平面或立体的物体形象的一种教育活动。学前儿童手工教育内容主要有以下几方面。

1. 手工工具和材料的使用方法

（1）手工工具。相对于成人的手工制作，学前儿童的手工活动是较为简单的操作活动，因此，所用工具也较为简单，主要有刀、剪刀、笔、泥工板、牙签、切片尺、浆糊、胶水等。

（2）手工材料。学前儿童手工活动的材料可以分为点状材料、线状材料、面状材料、块状材料四种形态。①点状材料。可用于学前儿童手工活动的点状材料有沙子、小石子、小珠子、纽扣、谷物、果核、种子、木屑、贝壳、牙膏盖等。点状材料可通过串连、拼贴、粘接、镶嵌、垒积等方法来制作线型、面型和体型作品。②线状材料。可用于学前儿童手工活动的线状材料有绳、棉线、毛线、火柴棒、麦秸、树枝、草棒、橡皮筋、高粱秆等。线状材料可通过盘绕、编织、拼贴、拼接、插接等方法来制作线型、面型和体型作品。③面状材料。可用于学前儿童手工活动的面状材料有纸、布、树叶、花瓣、羽毛、刨花、塑料薄膜等。面状材料可通过剪、撕、折、染、卷、粘贴、插接等方法来制作面型、体型作品。④块状材料。可用于学前儿童手工活动的块状材料有泥、面团、石块、萝卜、土豆、蛋壳、瓶子、纸盒、核桃、乒乓球等。块状材料可通过塑、刻、拼接、组合、串连、剪等方法来制作体型作品。

2. 良好的手工活动习惯

（1）养成带齐手工作品的习惯；

（2）养成按要求整齐、规范地摆放手工作品的习惯；

（3）养成保持环境卫生的习惯；

（4）养成按时、有序完成手工作品的习惯；

（5）养成合作学习的习惯；

（6）养成注意安全的习惯。

3. 手工的基本制作技法

学前儿童学习的手工基本制作技法有串连、粘贴、剪、撕、折、染、盘绕、编织、塑、插接等。

（1）串连。串连是将点状、面状、块状材料用线状材料和工具从中穿过，连接成串。

（2）粘贴。粘贴可以是在剪好轮廓的面状材料的反面涂上糨糊或胶水再贴在画纸或底板上；也可以是在画纸或底板上的轮廓内先涂上糨糊或胶水，再撒上点状材料，制作成有浮雕感的画面。

（3）剪。剪有目测剪、沿轮廓剪和折叠剪三种类型。目测剪是指凭自己的感觉和经验剪出自己需要的图像。沿轮廓剪是指事先画好图像后，再依照轮廓线剪下来。折叠剪是指将纸折成双层或四层等，再剪出一些对称的图像。

（4）撕。撕有目测撕、沿轮廓撕和折叠撕三种类型。基本方法同剪。

（5）折。折是指用面状材料（如纸）折叠成立体物象。主要有对边折、对角折、双正方折、双三角折、集中一角折、集中一边折、四角向中心折和组合折等基本技能。

（6）染。染是指用生宣等吸水性强的纸进行折叠后，再用水性染料进行染制。有渍染和点染两种方法。渍染是指将折好的纸插入染料中让纸自动吸色；点染是指用笔蘸色点在纸的中心部位或细小的地方。

（7）盘绕。盘绕是指将线状材料按照一定的顺序缠绕成平面图像或立体物象。

（8）编织。编织是指用线状材料按照经纬线交叉的原理编织成平面或立体物象。

（9）塑。塑是指用泥、面团等有可塑性的块状材料通过手的活动塑造成立体物象。其基本形体有球体、卵圆体、圆柱体、立方体、长方体和组合体等。基本技能有搓长、团圆、拍压、捏、挖、分泥、连接、伸拉。

（10）插接。插接是指用细木棒、细铁丝等辅助材料插入所需连接的部分，或将制作材料本身做成凹凸相当的切合口，使之连接成型。

4. 手工的题材

（1）玩具，如折纸玩具、泥塑。

（2）节日装饰物，如拉花、窗花。

（3）游戏头饰，如帽饰、面具、纸花。

（4）日常布置用品，如染纸、点、线、面状材料贴画、蔬果造型、瓶盒造型。

（5）贺卡，如生日贺卡、新年贺卡等。

（三）美术欣赏教育内容范围

学前儿童美术欣赏教育活动是教师引导学前儿童通过对美术作品、自然景物及周围环境中美好事物的认识和欣赏，丰富学前儿童的美感经验，培养其审美情感、审美评价能力和审美创造能力的一种教育活动。学前儿童美术欣赏教育内容主要有以下几方面：

1. 美术欣赏的对象与类型

（1）美术作品。①绘画作品。从创作所用的工具材料看，可以有水墨画（中国画）、油画、水粉画、水彩画、版画等；从作品的题材内容看，可以有人物画、动物画、风景画、静物画等；从作品的存在形式看，可以有年画、连环画、宣传画、插图等。选择时应注意其内容要与学前儿童生活经验接近，所用工具材料和表现手法简单、清晰、明了。②雕塑作品。从制作工艺看，可以分为雕和塑两类。雕：从完整、坚固的坯土上把多余的部分删除。塑：用具有黏结性的材料联结成所需的形状。注意选择具有生动形象、表现生命活力的作品。③工艺美术作品。从实用性与陈设性看，可以分为日用工艺品和陈设工艺品，如餐具、茶具、灯具、家具、服饰、玩具以及壁挂、地毯、陶艺、染织工艺等；从民间艺术性看，可以有剪纸、民间玩具、面具、脸谱、风筝、花灯、皮影、刺绣等；从时态上看，可以有工业产品设计和装潢艺术设计两类。工艺美术作品的选择要注意与学前儿童的生活及情趣结合起来。④建筑艺术。可以分为纪念性建筑、宫殿陵墓建筑、宗教建筑、住宅建筑、桥梁建筑、公共建筑等。选择时应特别注意建筑物造型的创造性。

（2）自然景物。应注意选取学前儿童可以观察到的景物，如日月星辰、花草树木、虫鱼鸟兽等，并注意自然景物的不同的美的形态。

（3）周围环境中的美好事物。大致有室内环境和室外环境两类。前者如家庭环境、幼儿园活动室环境等，后者如广场、园林、庭园等。

2. 美术欣赏知识与技能

（1）美术作品的形式分析。如造型、色彩、构图、对称与均衡、节奏与韵律、统一与变化等方面。造型：物体的构图方式。如线条造型、几何图形造型、涂染法、自然图形。色彩：认色（单颜色、同种色、类似色）、对色彩的喜好、均匀涂色。构图：形象在画面上所占位置。如单独、并列、均衡、分层、遮挡构图。

（2）作品主题和形象的分析。如创作意图、意义等。

（3）对作品的联想与表达。联想如看到下垂的树叶想到秋天、身体不佳等。表达如采用对比、对称、均衡、统一、夸张等。

（4）作品的背景知识。如艺术家的生平、创作风格、作品的时代背景等。

（5）学习安静地、集中注意力地观察、欣赏的良好习惯，学习用语言、动作、表情等表达自己的审美感受。

以上是我们选择的学前美术教育内容的大致范围，教师在选择自己的美术教育内容时，还应注意根据当地的实际情况来进行，因地制宜、因时制宜、因材制宜，有的放矢、实事求是地开展学前儿童美术教育活动。

第五章　学前儿童美术教育原则和方法

第一节　学前儿童美术教育原则

学前儿童美术教育的原则，是教师组织美术教学过程中必须遵循的基本要求。它是根据美术的特点、学前儿童身心发展特点和教育规律而制定的，是学前儿童美术教育中各种因素普遍联系的理论概括和教学实践经验的总结，是教师组织和领导教学的原则、依据。教师只有正确地贯彻各项原则，才能更好地指导学前儿童美术活动，使他们的身心获得积极的发展。

一、审美性原则

审美性原则是指教师在学前儿童美术教育活动过程中，把握好学前儿童的审美特点，无论是教学目标的制定、教学内容的选择还是教学的实施都应注意审美性，即教学目标应以学前儿童审美心理结构的建构为主，教学内容应有潜在的审美价值，教学实施过程中应注意审美环境的创设，审美特征的感知、理解与创造，审美情感的陶冶等。

审美性原则是由美术的和学前儿童美术教学这两种审美本质特点所决定的。

从美术本身来看，它具有审美、教育、认识、娱乐等功能。其中，审美功能是其最主要、最基本的特征，即美术家通过美术创作来表现和传达自己的审美意识与审美理想；欣赏者通过欣赏来获得美感，并满足自己的审美需要。审美功能是美术其他社会功能的根本所在，也就是说，美术的审美功能是美术其他社会功能的安身立命之所在。

　　从学前儿童本身来看，学前期学前儿童的心理发展具有自我中心的特点，他们常常把自己的内心情感投射到客体上，使不具备生命力的无机世界充满活力，显示出一种审美意境。美术教学应该顺应学前儿童发展的这种特点，使他们得到美的享受与陶冶，从而培养他们的审美情趣，提高他们的审美素养，达到人格的健全与完善。

　　审美性原则应贯穿于美术教育教学的全过程，让学前儿童在获得愉悦感受的同时发现美、体验美、感受美、创造美。一方面，教师要为学前儿童选择富有审美趣味和意境的美术作品与材料。虽然说美术教育活动的主题多来源于生活，但美术活动题材应高于生活，因为它是施教的载体，应具备一定的审美意义和审美价值，不能失去美术最本质、最典型的特征。如在中班美术活动"插花"案例中，学前儿童选取了鲜花作为送给妈妈的母亲节礼物，教师创设了插花艺术活动，通过参观花店、欣赏插花、自己创作等活动，使学前儿童感受到花的另一种表现形式，活动从生活中来却不失其审美价值。另一方面，在美术教学活动的各个环节以及教师引导方法的设计中，要始终注意培养学前儿童对美的感受力，唤起学前儿童的审美情感和体验，提高其审美感受力和审美理解力。如在欣赏《哈里昆的狂欢》（胡安·米罗）时，教师不仅要引导学前儿童欣赏作品的内容，还要引导他们欣赏作品的线条、色彩和构图等形式审美要素，以提高学前儿童的审美能力。

　　学前儿童美术教育活动遵循审美性原则还要注意美的多样性，即教师在教学活动中应注意各种不同类型课业的特点。比如，绘画与工艺各种类型的艺术形式分别有各自不同的形态美的特点，绘画的画种不同，其形态美也不同。绘画和图案分别具有绘画艺术和装饰艺术的不同的形态美。工艺设计制作具有与绘画艺术和装饰艺术不同的形态美。泥塑与纸制作都是立体造型，但其各自的装饰性、奇特变形的美的特点差异悬殊……人人都有审美的偏爱，作为教师，应该不带偏见地给予学前儿童必要的介绍，不把个人的好恶强加于学前儿童。不仅如此，教师还应充分讲解、分析各种美术形式美的特点，使学前儿童的审美能力得以提高。

如美术活动创作水墨画《向日葵》，这幅画的绘制过程是将现实美的一个具体形象变为艺术美的画面的教学过程。首先，教师可从花朵、叶子的形状、颜色等方面选择符合造型美的要求的实物，用实物本身唤起学前儿童的审美感。其次，教师提醒他们从不同的角度观察，找到最佳的表现角度，启发、讲解，使学前儿童在观察认识中领悟到形象美的构造原理，美感便油然而生。在创作活动中，学前儿童不仅学到观察物体形象美的本领，而且还会产生一种指向物象的亲切感和喜悦的情绪，创作性、表现性也会随之得到加强。接着教师再做进一步讲解，演示用水墨画技能表现向日葵的方法，特别要讲明画出来的向日葵既像眼前看到的，又具有向日葵的典型的形象美，使学前儿童感受到水墨画表现的美。最后，在教师的引导下操作绘制，学前儿童就成为制作美、欣赏美的人。有了这种"双重美"的感受，学前儿童才能更清楚地领悟到现实美与艺术美的区别。当他们能够真切地感受到这一切，其审美能力就有了一个飞跃，而这种审美感受，比未经训练过的审美感受要深刻得多、丰富得多。

同时，教师还要用正确的审美眼光看待学前儿童美术创作的过程和结果。在美术活动中，学前儿童的创作过程是美术作品形成的过程。教师既要尊重学前儿童创作过程中的自主选择，更要尊重学前儿童艺术创作的过程和结果。成人评价时不能使用"像不像"这样唯一的或刻板的标准来衡量学前儿童的作品，而应该尊重他们的解释和表现方式，挖掘美术活动过程和作品对他们自身的价值。

二、发展性原则

发展性原则指在学前儿童美术教育活动中，一是选择美术教育活动内容时要符合学前儿童的发展水平，二是要着眼于学前儿童未来的发展，处理好其当前需要与长远发展的关系，使学前儿童的身心获得可持续发展。

　　学前儿童美术能力的发展是由低到高呈阶段性规律发展的，如学前儿童手工制作能力发展从无目的活动期再到基本形状期是一个渐进发展的过程。发展的动力来自两个方面：一方面是学前儿童从自己所做的许多造型尝试中得到成果和发现，再反过来加以运用；另一方面是随着学前儿童视觉理解力的增长，他们对自己初级阶段上造型式样产生不满，于是向着更加高级的阶段探索。作为教育者，应更多地从学前儿童的兴趣出发，按照学前儿童美术发展的规律实施美术教育，让他们在轻松、愉快中发挥天性和创造性。在美术学习过程中，教师应主要观察学前儿童是否大胆、自主、创作性地表达想法和从事创作活动，而不是只关注结果。因而，学前儿童美术教育的发展性就体现在两个方面：促进学前儿童个性化发展以及美术教育的可持续发展。

　　学前儿童的学习方式和表现方式是个性化的，因此发展也是个性化的。学前儿童美术教育特别强调面向全体学前儿童，关注每一个个体的学习特点和心理品质，赋予每个孩子以满足感和成功感。美术活动是学前儿童获得自我满足感和成功感的最佳舞台，学前儿童喜欢展示自己的成果，因为他们自己的创作最能体现自我的价值，使他们获得真正的满足感和成功感。作为教师不论是从面向全体考虑还是从关注个体考虑，都需要关注学前儿童表达方式和表达水平的不同，在接纳、尊重的基础上促进他们个性化地发展。

　　在实施发展性原则时，要处理好情感与技能的关系，坚持美术教育的可持续发展，避免功利化的美术教育取向。也就是说，在美术活动中培养学前儿童的表现能力和创造性，不能只强调技能、技巧的训练，还应引导学前儿童去表现美、感受美、创造美，能大胆地表现自己的情感和体验，并能用自己喜欢的方式进行艺术表现活动。美术活动中，技能的掌握固然重要，但培养学前儿童对美术的热爱更重要，因为只有服务于艺术的技能才是可持续发展的技能。但是我们也要明确：美育也不应是单纯美学的讲授，而应是与技法训练、设计、制作相结合，这种结合意味着培养学前儿童创造美、应用美的能力。因此，学前儿童美术教育中必须坚持正确的价值取向，对学前儿童使用合理的美术课程，促进美术教育的可持续发展。

三、因材施教原则

因材施教原则是指在学前儿童美术教育中要根据学前儿童的美术基础和接受能力，有的放矢地进行有区别的教学，使每个学前儿童都能在自己原有的基础上得到最大限度的发展。

在幼儿园，使用的教材是针对绝大多数学前儿童的情况而制定的，班级也是按年龄划分的，而在实际的教育教学工作中，即使是一个班的学前儿童，由于他们的遗传因素、家庭环境和所受教育的不同，各自的兴趣爱好、知识经验和美术活动的能力也是有差异的。教师在教学中要充分考虑到每个学前儿童的实际情况，针对他们的不同特点，在统一要求的基础上因材施教，使所有的学前儿童都能得到充分的发展。

实施因材施教的教学原则要注意尊重学前儿童的个别差异，重视和关注每个学前儿童独特的需要与体验，尊重和保护他们的个性。了解是尊重的前提，教师了解学前儿童包括了解全班学前儿童的整体水平，了解每个学前儿童的能力、知识水平、性格特点、兴趣等，这样才能有针对性地提出统一要求，有针对性地因材施教。比如，大班绘画活动"在动物园"，对于能力较强的学前儿童，可要求他们多画几种动物，并画出动物的不同姿态，而对于能力较弱的学前儿童，只要求他们画最容易画的动物。教师要使教学的深度和速度适合学前儿童的知识水平与接受能力，让每个学前儿童的智力和才能得到最大限度的发展。

四、创造性原则

创造性原则是指在美术教学活动中应充分发挥学前儿童的创造性，以学前儿童创造意识、创造力和创造个性的培养为主要目标。

学前儿童的创造力是指创造出对其个人来说是全新的、前所未有的想法或作品的能力。每个学前儿童都有创造的潜力。学前儿童美术创作依赖的心理功能是"象征",即创造某种具体可视之物代表与之同形的另一事物或情感。在学前儿童美术活动中,学前儿童用线条、图形和色彩等将自己头脑中的经验、印象和情感转化为美术形象,这一转化过程就是创造。

在美术活动中,学前儿童的创造包括两类。一类是实在的可视形象的创造。这就是我们常看到的学前儿童的绘画作品、手工作品中出现的一些打破成人美术创作的不合比例的造型、主观想象的色彩、不合逻辑的构思、随意安排的空间构图等。这一类创作具有可视性,常常引起我们的关注。另一类是审美心理意象的创造。它既出现在学前儿童的美术创作活动中,又出现在美术欣赏活动中。这是学前儿童基于自身的审美需要和审美能力,在特定、具体的审美理解活动中的一种创造。它具有不可视性,常常不被成人知晓,也常常被忽视。这两类创造体现出学前儿童大胆的想象和神奇的创造力,其中审美心理意象创造是可视形象创造的前提。

在《纲要》和《3~6岁学前儿童学习与发展指南》(以下简称《指南》)中对上述两类艺术创造都做了说明,并且特别强调审美心理意象的创造。作为教师不但要关注学前儿童艺术活动实际呈现出来的结果,而且要更加关注艺术创造的过程,要以学前儿童的创造意识、创造能力和创造个性的培养为中心任务。

实施创造性原则时首先应为学前儿童提供适宜的机会和物质条件,丰富教育内容,帮助学前儿童积累多种经验;还应以和蔼的态度为学前儿童创设自由表达、自由创造的温馨气氛,鼓励他们标新立异、大胆创新。活动过程中,教师应从构思的新颖性、手段的创新性、选择材料及其综合应用的创造性三个方面加以引导,让每个学前儿童自由创造,要尊重学前儿童不同寻常的提问和想法,肯定或鼓励其想法的价值,以发展他们自己独立的个性。

五、兴趣性原则

学前儿童美术教育的兴趣性原则是指教师在美术教育活动中要注意

萌发学前儿童浓厚的学习兴趣，以调动他们学习的积极性。

现代科学研究表明：学前儿童学习兴趣可以使整体教学过程积极化，可以使学前儿童产生更强烈的求知欲。由于学前儿童认识的发展尚处于无意性占优势的阶段，所以他们参与美术活动的兴趣和主动的态度往往由他们从事及实现美术活动愿望的程度和情绪的高低、好坏支配。年龄越小的学前儿童越需要在外界环境及教学中提供各种适当的刺激。教师在美术教学中需要激发学前儿童在整个活动中的积极性，引起和保持他们对美术的兴趣和主动态度，使他们喜爱美术，乐于从事美术活动，热忱地投入美术活动中，在活动中获得愉快的情绪体验，从而充分发挥他们的各种潜能。

实施兴趣性教学原则，首先要求教师要对美术活动具有浓厚的兴趣。因为教师的兴趣直接影响着学前儿童的情绪和学习的积极性。如果教师平时特别爱好美术活动，教学时以极大的热情和娴熟的技能指导他们，让学前儿童在游戏中学习，寓教于乐，同时又积极地对幼儿园内外环境进行各种美化和装饰，那么这种榜样的力量就能对学前儿童学习的积极性产生潜移默化的影响，对学前儿童美术学习起积极的推动作用。

其次，教师应给学前儿童提供多样性、趣味性、游戏性的教学题材和丰富的工具材料，刺激他们对学前儿童美术活动的积极性。不同的教学题材和工具材料具有不同的特性和表现力，蕴含着不同的情感物质，不仅能让学前儿童体验到灵活和丰富的选择，让他们能慢慢根据自己的体验有目的地选择适合的材料加以造型，而且能使学前儿童产生丰富的联想和新颖的构思，使美术活动充满趣味和生机。

实施兴趣性教学原则还要恰当地运用表扬、赞许、挑战、竞争，这可以激发学前儿童学习美术的积极性，保持他们对美术的持久、稳定、浓厚的兴趣。以肯定为主的恰当评价，能帮助学前儿童巩固美术创造的信心，因此教师可根据学前儿童表现情况和水平，适时、自然地提出进一步的要求，也可以在作品完成后组织学前儿童相互评议，同伴间相互学习。学前儿童间的互相激励、竞赛、合作完成任务等都能激发学前儿童美术活动的积极性，强化他们对美术活动的兴趣。

六、实践性原则

实践性原则是指在学前儿童美术教学中，教师要引导学前儿童积极参与美术实践，在实践中发展和培养他们的美术能力与兴趣。实践性原则是依据美术活动及美术教育规律和学前儿童身心发展特点提出来的，在学前儿童美术教育教学中有着重要的意义。

学前儿童对世界的认识是依赖于自己的感知觉的，他们在探究外在世界和表达自己的思想情感时，更倾向于以动作和形象为媒介来达到目的。这是由学前儿童的心理发展特点决定的，这一特点决定了他们的学习就是一种实践性活动。我们常常看到学前儿童在画画的时候自言自语或手舞足蹈地借助语言、动作、表情等来表达自己对审美对象的感受，这种自发性实践活动会转化为可加以控制且不断反复的意识性活动。也就是说，只有在具体的操作实践中，学前儿童的身心才能处于一种协调统一的状态，才能积极主动地进行自我与世界的双向建构。

实施实践性原则要注意引导学前儿童运用多种感官通道进行美术活动。学前儿童的美术活动是一种手、眼、脑并用的活动，它需要学前儿童用多种感官去感知审美对象，与美术建立多维联系，如用肢体动作表达自己的审美感受，用语言表述自己的审美情感，用手对美术工具和材料的操作，表现自己的思想情感和所见所闻，甚至用脑想象、理解、加工审美意象。因为参与的感官通道越多，学前儿童的理解与体验就越深刻。而学前儿童的美术体验和实践是相辅相成的，实践是美术体验产生的前提，体验是实践的必然结果，没有实践就不会有体验。所以，学前儿童的美术教学应注意让学前儿童在"看看、想想、动动、说说、画画、玩玩"中保持兴趣，使他们得到真正全面和谐的发展。

以上六个教学原则是相互联系的，在教学实践中它们往往是结合在一起的。这些原则只是给实际的学前儿童美术教学工作提出的一般线索，教师应灵活、创造性地加以运用，辩证地对待，不要孤立地、片面地强调某方面，而忽视另一方面。在实践中，教师必须结合学前儿童美术教学的实际情况，充分发挥教学原则在提高教学质量上的巨大作用。

第二节 学前儿童美术教育方法

学前儿童美术教育方法是在学前儿童美术教学原则指导下，教师在教学实践中采用的教师和学前儿童相互作用的一系列活动方式的总称。它是完成美术教学任务、达成美术教学目标的重要手段。学前儿童美术教育方法运用得恰当与否会对美术活动的实践效果和学前儿童以后的学习与发展产生十分重大的影响。教师应根据不同课程类型的要求采用不同的方法。

对于美术教学方法的分类，学者们从不同的角度出发，提出了不同的看法。根据有关研究者对教学方法的分类，以及学前儿童美术教学的特点，我们把学前儿童美术教育的方法分为以语言传递信息为主的方法、以直接感知为主的方法、以指导练习为主的方法、以欣赏活动为主的方法、以引导探究为主的方法五个部分。教师可以根据教学实际灵活运用各类教学方法，在活动过程中的某一阶段以某一种方法为主。

一、以语言传递信息为主的方法

学前儿童美术教育活动中，语言是教师与学前儿童之间进行信息、情感交流的主要媒介。以语言传递信息为主的教学方法，是指教师用语言向学前儿童传递信息和指导学前儿童学习美术的教学方法。它是美术教育活动必须采取的教法之一，主要包括讲授法、讨论法、对话法。

（一）讲授法

教师通过语言描述、说明和解释向学前儿童传授美术知识与技法的教学方式称为讲授法。它是教师进行教学的重要方法，能使学前儿童在较短的时间单位里获得较多的系统知识，是学前儿童领会造型技法、获得系统知识、产生正确审美观的重要途径。它在美术教学中主要包括讲述、讲解和讲评。教学时，可与其他教学方法有机结合起来使用。

（1）讲述。讲述是教师向学前儿童做系统的叙述。例如：在写生动物时，描述写生动物的特点；在欣赏达·芬奇作品《蒙娜丽莎》时，以故事的方式向学前儿童介绍作品创作的背景、画家的生平；画"花生"的时候，教师通过"麻房子，红帐子，里面住个白胖子"的谜语形式形象生动地描述花生的典型特征等。

（2）讲解。讲解是指教师运用口头语言对某个概念或原理作分析、解释或论证。例如：讲解一幅水墨画时，教师向学前儿童介绍侧锋、中锋的运笔手法；在某个手工作品的制作过程中，教师向学前儿童讲解什么是"压扁""搓长""团圆"；在绘画活动中，教师向学前儿童讲解"遮挡"的原理；在欣赏作品时，教师解释关于对称、变化等形式美的原理等。

（3）讲评。讲评就是对事物或事件做评议，如讲评作业、课堂总结等。

运用讲授法时应注意以下三点。

第一，讲授内容要有科学性、思想性和艺术性。由于学前儿童的分析能力较弱，他们接受知识的特点是先入为主，因此教师对相关美术概念、原理等的解释要准确。讲授时要使用文明用语，讲授内容要有益于学前儿童身心健康的发展；同时，还要注意运用艺术性的语言，如文学作品、儿歌、故事、谜语等富有感情地进行讲授，以增强学前儿童的注意力和记忆力，启发其形象思维，激发他们创作的激情。

第二，讲授时要重点突出，语言通俗、简练、准确，易于学前儿童理解和接受。讲授时教师可以适当重述教学的重点和难点，重述时教师要注意前后用语的一致性。讲述技法和制作步骤时，教师要声音洪亮，条理清晰，通俗易懂，符合学前儿童年龄特点，并用适当的手势、神态、站立、移动等体态语辅助讲解，传递无声的视觉信息，引起学前儿童的注意，调动他们的情绪。

第三，讲授时要注意启发性讲解。运用讲授法进行教学时，教师要以感性事物为基础，启发、引导学前儿童朝着正确的方向积极进行思维，让他们自己去确定构思、构图，找到解决问题的途径，不断地丰富作品内容。尽量避免一问一答，或是直接告知问题的答案，限制学前儿童想象力和创造力的发展。尤其在意愿画教学中，教师更要经常使用启发性讲解的方法，多引导学前儿童进行积极的思维，确定所要描绘的内容。

（二）讨论法

讨论法是指学前儿童在教师的指导下，为认识、解决、探究某个问题而进行讨论，通过讨论获得知识的方法。运用讨论法时，讨论的时间可长可短，讨论的形式也可多样，全班讨论、小组讨论均可。

讨论法能充分调动学前儿童参与美术活动的积极性和主动性，为学前儿童提出问题、发表意见、自己得出结论提供机会。讨论的过程不仅能使学前儿童表达自己的真实想法，提高辨别是非的能力，使学前儿童获得对知识的深刻认识，还可以锻炼他们的发散性思维能力和艺术想象力。讨论法适合大班学前儿童使用。

运用讨论法时应注意以下两点。

第一，要启发、引导学前儿童进行讨论。教师要创设宽松的心理环境，鼓励学前儿童结合自己的生活经验发表不同看法，给学前儿童提供思考的空间，并在适当的时候给他们提供线索，帮助学前儿童找出问题与他们已知事物之间的联系。

第二，及时对讨论结果进行小结。讨论结束后，教师要概括学前儿童讨论的内容，及时进行小结。进行小结时要考虑到美术学科的特殊性，讨论结果可能是多元的、开放的或不确定的，不见得都有一致的标准答案。

（三）对话法

对话法是学前儿童美术欣赏教育中常用的方法，主要指在学前儿童美术欣赏教育中教师、学前儿童与美术作品三者之间的相互作用与相互交流。

对话法的主要特征是主体与主体之间相互交流。在艺术活动中，艺术家有一种向亲密的人倾诉自己深切感受或强烈印象的愿望；而欣赏者则是从自己的心灵世界出发，与艺术家、艺术作品进行独特的对话活动。因而，欣赏者与艺术作品的对话是主体间的相互交流，即艺术作品对欣赏者说话，欣赏者对艺术作品说话。

在幼儿园美术欣赏教学活动中实施对话法时，教师作为学前儿童与艺术作品的中介，一般通过启发的方式、提问题的形式给予学前儿童以线索启迪，引导和帮助学前儿童与美术作品进行对话。由于作为欣赏者的学前儿童的心理发展、生活经验、艺术经验有限，因而教师的启发和提问要符合学前儿童的认知发展水平。在学前儿童美术欣赏过程中，如果作品是写实的，则要指出作品包含哪些形象，如作品中所包含的人物、动物、景物、物品等；如果作品是抽象的，则要指出主要的形状、色彩及其运动的趋向。如欣赏梵高的作品《星月夜》时，教师可以提问：画面上画了哪些景物？你认为这幅画画的应该是一天中的什么时间？画面上有哪几种线条？线条是什么样子的？你看后有什么感觉？你能用身体动作表现一下吗？用问题启发、引导学前儿童与作品进行对话。

实施对话法时教师应注意以下两点：

（1）要尊重学前儿童对美术作品的感受。由于每个人的经历不同，对美术作品认可、喜欢的程度就会不同，引起的联想也会不同。学前儿童由于经验、认识能力有限，有些看法在成人看来可能是幼稚、可笑的，但只要是在他们对作品感知和体验基础上产生的，教师都应尊重和认可，不能强求学前儿童接受某一权威的结论或教师自己对美术作品的看法。当然，这并不表明教师不需要说出自己对于美术作品的看法和感受，相反，教师也应该阐述自己的观点，还要引导和鼓励学前儿童用各种方式大胆地表达自己的审美感受。

（2）要为学前儿童创设多种感官感受、体验的条件和充分的时间。因为参与的感官越多，学前儿童对作品的感受和体验就越深刻。如在美术欣赏活动中，教师常采用聆听音乐或用动作、语言表达等方式帮助学前儿童感知、理解与表达美术作品。

二、以直接感知为主的方法

美术主要依靠视觉来进行感知。在美术活动中，往往会出现学前儿童不会把自己的感知用美术的方式表现出来的现象，这时教师就需要通过直观形象传递信息给他们以启迪，这就是直接感知为主的方法。这类方法主要包括观察法和演示法，在幼儿园美术教学指导中占有极大的比重，也最能体现美术直观形象性的学科特点。

（一）观察法

观察法是在教师的指导下，学前儿童积极、有意识、有目的地通过视觉器官感知和认识观察物象的形状、颜色、结构以及事物间的空间位置、相互关系等，从而在头脑中形成鲜明表象，获得感性认识的一种方法。观察法是学前儿童美术教学的最基本的方法。

美术是视觉艺术，没有观察便没有视觉的感知和认识，更谈不上对物象的绘制表现。运用观察法时，观察对象直观鲜明，不仅能激发学前儿童学习的兴趣，还有利于培养他们的观察能力和形象思维能力。观察法可以分为直接观察法和间接观察法。

直接观察法是教师为了使学前儿童获得对周围生活的丰富印象，借助与事物的直接接触来观察事物的方法。直接观察法有助于打破学前儿童的概念画法，使他们更深层次地发掘、认识事物，培养其探索精神。

由于季节和条件的限制，当教师不一定能及时做到让学前儿童对实际物体进行观察时，可选择符合教学要求的玩具、模型、图片、标本、示范画或多媒体等，供学前儿童分析、比较所要描绘物象的基本特征，这种观察就叫间接观察法。学前儿童有着极强的模仿能力，图片或示范画的图式往往容易成为他们临摹的对象。因此，教师应根据学前儿童对教材的熟悉情况和教材的难易程度，恰当地运用图片或示范画。运用观察法时要注意以下三个方面：

（1）观察的目的要明确。教学时教师引导学前儿童观察的目的性要明确。学前儿童由于知识、经验贫乏，认识能力和概括能力有限，在观察中不会自觉地、有意识地观察事物，观察也往往不全面。因此，教师在指导他们观察时，事先要让学前儿童了解观察的内容，并组织和帮助他们进行有目的、有计划的观察。

（2）教给学前儿童正确的观察方法即整体观察法。整体观察法是指学前儿童观察事物时，首先应观察事物的整体，获得对事物的整体印象，然后再观察细小部分，以便更好地反映整体。这种观察法是整体—局部—整体的辩证观察法。学前儿童注意力不稳定，形象知觉水平较低，看东西往往一掠而过。因此，正确的观察方法不仅能使他们在美术活动中了解内容丰富的感性材料，还能让他们运用自己的感性知觉更好地认识客观事物。

（3）组织学前儿童进行观察的方法可以是多种多样的。教师要根据观察的目的、学前儿童的年龄特点和实际情况灵活运用各种观察方法。有时可以先讲解后观察，有时可以先观察后讲解，有时可以边观察边讲解边组织学前儿童实践。对生活中一些不易观察到的事物，教师可以用图片、绘画的复制品、标本和多媒体等来代替。

（二）演示法

教师配合讲解，向学前儿童展示直观教具，示范绘画、制作等过程，使学前儿童获得对事物现象感性认识的教学方式被称为演示法。演示用的教学媒体有实物、挂图、录像、标本或 VCD、DVD、Flash 动画等。

美术教学活动中，许多知识、技法问题仅用语言讲授是不够的，必须借助演示使学前儿童获得直观感受，并在大脑中形成对教师制作、绘画过程的系列表象，才能使学前儿童获得深刻印象。在演示的同时，教师再配合语言进行"画龙点睛"的讲解，学前儿童才能在一目了然的情景中接受新的知识和技法。

演示法直观、生动，能使学前儿童获得丰富的感性材料，加深对事物的印象，激发学前儿童学习积极性。学前儿童在对演示内容进行观察和分析的过程中，观察能力和思考能力得到了提高。

按演示的步骤，演示法可分为以下三种：

（1）整体演示。指教师完整地、连续地向学前儿童示范如何表现物体形象。整体演示适合在演示简单的创作技能时使用，它完整、明确，能让学前儿童连贯地掌握整个技能。如教师演示油水分离画中刷背景的方法时，就可以用宽水粉笔一次性同一方向均匀涂刷在整张纸面或半张纸面上，让学前儿童一目了然地清晰地看到涂背景的整体过程。

（2）分段演示。指教师将所表现的物体形象的过程分成若干段，根据学前儿童的理解能力进行逐一演示。因为后一阶段的技能学习常建立在掌握了前一阶段技能的基础上，所以，教师可以根据学前儿童所掌握的技能来进行分段演示，也可以就新的技能来演示。如学前儿童水墨画教学活动中，如果学前儿童在前一阶段已学习了调浓淡墨和毛笔用笔方法，教师就可以根据学前儿童需要进行演示，当学前儿童掌握得好，也可以不必演示，而只需演示调色的方法即可。

（3）分步演示。指教师将所表现的物体形象的过程分成若干步骤进行一步步演示。当活动中美术技能涉及的环节较多，完成一次耗时较长，学前儿童一次明确所有环节有困难时，可分步示范，即教师把一个完整的过程进行分解成若干个小的步骤，逐个演示给学前儿童看，在确定其掌握之后再进行下一个步骤。如在学前儿童扎染活动中，由于程序较多，教师把整个扎染过程分解为若干个步骤，首先为学前儿童演示几种扎布的方法，在他们也扎好布后，再演示染布和捞布的步骤，等学前儿童都把扎好的布放进染缸进行充分染色并捞出来后，教师再演示清晰染布的步骤。

在美术活动中，教师应根据需要单独或结合使用以上演示方法来帮助学前儿童更好地掌握某种美术技能。

另外，按演示的准备情况可分为有准备的演示和随机演示；按观看对象的多少可分为整体演示、分组演示、个别演示；按教学内容可分为绘画、制作步骤演示、工具性能和技法特点演示等。

运用演示法时要注意以下两点：

第一，演示的准备工作要充分，组织要周密。演示用的教学录像、多媒体资料等在活动前要试放，工具材料在课前要准备齐全并安排好展示的顺序。

第二，演示时，教师要同时运用明确、简练的语言讲解，并启发学前儿童进行思考。美术活动中运用演示法的目的是帮助学前儿童更直观地认识与把握物象的基本特征，使他们思考与表现物象的整体形象。教师把演示的内容与观察、讲解有机地结合起来更容易使学前儿童理解或接受，在演示中还应一边讲解提问一边演示，这样学前儿童理解快、记忆深、效果好。

例如，在学前儿童纸浆画的制作程序中，教师就运用一边讲解提问一边演示的方法，让学前儿童熟悉纸浆画的制作过程。

首先，教师出示一幅色彩鲜艳的纸浆画请学前儿童观察，并问："这幅漂亮的画是用什么画出来的呢？"学前儿童猜测后，教师再拿出准备好的染色的纸浆请他们了解绘画材料："这就是纸浆画的原料——纸浆。"之后教师进一步提问："纸浆是用什么材料和方法做出来的呢？"在学前儿童讨论的基础上，教师逐一出示卫生卷纸、水、白胶、颜料，并请学前儿童说出它们的名称，了解制作纸浆的原材料。

然后，教师清晰演示纸浆制作的过程：①把撕碎的卫生纸用水浸泡，泡湿后进一步撕碎；②捞出纸泥，拧干；③纸泥中和入白胶，用手搅拌；④将做好的纸浆分成若干份，分别加入不同的颜料和匀。以上步骤，每完成一步都要请学前儿童回答："这一步具体是怎么做的？"学前儿童回答的同时，教师出示事先准备好的操作图示，并按顺序贴在黑板上，使其明晰纸浆的制作步骤。在这个过程中，教师需要让学前儿童观察撕碎的纸，触摸和入白胶后的纸浆，并请他们回答"纸要撕成什么大小的""纸浆和好摸上去是什么感觉"，以使其明确撕纸和白胶的具体要求。

最后，教师再请学前儿童根据操作图示的提示，制作纸浆，并进行纸浆画的创作。

三、以指导练习为主的方法

练习是学前儿童将头脑中的艺术构思用美术的方式表现出来的实际操作过程。练习法，就是学前儿童在教师指导下，进行各种形式的绘画、制作等练习，从而熟练掌握各种美术知识与技能。学前儿童要获得美术知识与技能，必须反复多次地练习和操作。

根据创造成分的多少，练习可以分为技能练习、模仿练习和创造练习三种。技能练习是运用工具简单表现技能的练习，如执笔、运笔、用剪、涂色、折叠、剪贴、团泥、捏泥等。模仿练习是依照范例或教师的示范所做的练习，如学前儿童根据教师折纸的分步示范、进行折纸练习等。创造练习是让学前儿童对已有的表象、材料进行加工、改造、制作，独立构思和表现的创作活动，目的是加深学前儿童对美术的理解和提高他们的美术表现能力，如意愿画、意愿塑造、意愿剪贴、自由美术活动等。

教师应根据学前儿童的能力和美术活动内容的需要单独或综合运用，以技能练习为基础，以创造练习为目的，以模仿练习为辅助过渡手段，合理安排各种练习的比例。

另外，从操作的步骤上划分，练习又分整体练习、分段练习、分步练习；从人数来划分，练习可分为个人练习、分组练习、集体练习；从时间上划分又可分为课内练习和课外练习。

在美术教学中，教师可以根据教学要求和学前儿童的实际情况，灵活运用各种练习。适当地使用多样化的练习方式，不仅有助于培养学前儿童的兴趣，集中他们学习的注意力，而且还有助于培养学前儿童在实践中灵活运用知识和技能的能力。

运用练习法时要注意以下四个方面：

第一，练习要有目的性。教师在每次练习前要向学前儿童明确练习的要求、操作的方法和步骤，培养学前儿童操作练习的自觉性，使他们目的明确，能按步骤有条不紊地进行练习。

第二，要多采用生动有趣的游戏和竞赛等方式。教师要增加学前儿童练习的趣味性，将练习与游戏、竞赛结合起来，激发他们练习的欲望，使他们达到熟练掌握技能的目的。

第三，要求学前儿童发挥一定程度的创造性。练习中要注意让学前儿童不要把练习当成机械的模仿或重复，要发挥他们的主动性和创造性，给学前儿童一定的自由空间，让他们根据自己的想象自由表达。

第四，教师的巡视和指导要有计划性和目的性。教师巡视和指导时首先应着眼于全体，及时发现所有学前儿童出现的共性问题和多数学前儿童的共性问题，及时运用讲述、演示等方法予以指导解决。对个别学前儿童出现的问题，教师可以通过个别辅导及时解决。

四、以欣赏活动为主的方法

以欣赏活动为主的教学方法，是让学前儿童通过对美术作品、自然景物、社会生活中美好事物的欣赏，获得美的感受，以提高表现能力、审美能力的教学方法。以欣赏活动为主的教学方法中，最基本方法是对话法，即在学前儿童美术欣赏教育中教师、学前儿童与美术作品三者之间的相互作用与相互交流。该方法已在以语言传递信息为主的方法中进行表述，在此不再赘述。以欣赏活动为主的教育方法，除了对话法，还有对比法和动作模仿法两种方法。

（一）对比法

对比法即通过对作品表现手法、表现形式、表现风格的比较，提高学前儿童对美术作品的审美感受和审美理解能力。也就是说，在进行美术作品欣赏时，教师可以就同一主题的不同表现手法、同一画家不同的绘画作品或画家不同时期的作品等，引导学前儿童仔细观赏，认真比较，找出差异，加深理解。例如，同样是画马，徐悲鸿的水墨画《奔马》和马克的油画《蓝马》，在造型、设色、构图、表现手法等方面截然不同，给学前儿童以不同的视觉感受。再如，画家蒙克的作品《呐喊》，表现同样的形式、同样的内容、同样的情绪，却用不同的表现手法创作，有蛋彩画《呐喊》，有木刻作品《呐喊》。通过同类作品的比较，学前儿童能够感受到不同表现手法所带来的视觉效果：蛋彩画通过色彩更能表现内心的情感；木刻作品则简洁、明了，使人耳目一新。通过对比，学前儿童在一系列具体直观的观察比较中找出正确结论，并使他们能够积极参与，主动去理解、去体会、去感知艺术作品的审美特色，逐步提高审美的能力。

运用对比法时要注意以下两点。

（1）选择作品时，作品的对比特征要鲜明。如欣赏毕加索不同时期的作品《哭泣的女人》时选择《梦》进行对比，比选择《朵拉·玛尔的画像》的对比效果明显。

（2）出示作品时，要考虑出示作品的顺序。如欣赏《哭泣的女人》时，先出示《梦》，学前儿童简单感受后再出示《哭泣的女人》，视觉冲击力更强。

（二）动作模仿法

学前儿童美术欣赏活动中，学前儿童除了欣赏作品的线条、色彩、形象等基本要素，还要感受和理解隐含在作品中的表现形式，这也是美术欣赏过程中的难点。教师可以让学前儿童通过自己的肢体动作模仿表现作品的某些特征，如用身体动作来表现人物的面部表情、人物的姿态或是抽象画的结构，用这种方式来深刻体验和理解美术作品的内涵。

例如：欣赏《星月夜》时可以让学前儿童用身体动作模仿星星、灯光的闪烁及山脉的连绵起伏等；欣赏《哭泣的女人》时让学前儿童模仿人物紧张、恐惧、悲伤的样子；欣赏《牵牛图》时让学前儿童感受牛和牧童之间的拉力等。在学前儿童模仿后，教师可用提问的方式引导他们说出自己的感受："你有什么样的感觉?"引导学前儿童进一步加深对作品情感的体验和作品意境的把握。

在运用动作模仿法时要注意，不是所有的动作都要学前儿童去模仿，只模仿对理解作品起到关键作用的动作即可。

五、以引导探究为主的方法

在美术教学活动中，以引导探究为主的方法主要包括讨论法和探究法。这两种方法有助于激发学前儿童思考，调动其学习的积极性和语言表达能力。讨论法是教师根据学前儿童已有的知识或经验提出问题，引导学前儿童思考，对问题逐步得出结论，从而获得知识、发展能力的方法。该方法在以语言传递信息为主的教学方法中已经阐述，此处不再赘述。

探究法是在教师指导下由学前儿童自己发现问题、探索问题并解决问题，以获取知识并发展能力的教学方法。对学前儿童来说，玩是他们的天性，而探索就是玩。学前儿童是依靠感官进行学习的，他们认识事物大多依赖于直接经验，通过摸、看、抓、拆等行为进行探究。在美术教学活动中运用探究法，教师不需要把相关的美术技能直接教给学前儿童，而是要提供有关范例，让学前儿童通过尝试和思考，增加体验，丰富感受，激发想象，在不断地试验、操作中发现问题、分析问题，直至找到解决问题的方法。

运用探究法时，教师应注意以下两点：

（1）要允许学前儿童探究过程中出现错误。现代心理学研究认为，试误学习虽不是人类学习的主要形式，但人类学习中含有试误成分。在操作性较强的美术活动中，教师要允许学前儿童对学习任务经过几次错误的尝试，这是一种培养学前儿童思维能力和探索精神的好方法。经过努力才找到正确答案的过程不仅能丰富学前儿童的感受、增加他们的体验，还能使他们取得成功的愉悦，增强自信心。

（2）要根据学习任务的难易程度引导学前儿童探索，必要时要进行讲解。在美术活动中，当表现、制作的难度不大或有一定难度但经过学前儿童的努力能够解决时，教师可以先让学前儿童尝试练习；当学习任务有一定难度而学前儿童当时没有意识到困难时，可以让学前儿童先尝试某一局部、某一步骤；当问题显露出来且学前儿童久攻不下时，教师可进行适当的点拨。对于学前儿童实在解决不了并带有普遍性的问题，教师还应提供必要的讲解。更多时候，教师需要针对学前儿童具体情况进行个别指导。

　　教学方法是活动过程中教法与学法的统一体。教学方法的运用受美术活动的课业类型以及美术活动的目标和内容的限制，教师要根据实际情况灵活、综合地运用各种教学方法，并在教学实践中不断总结，创造出新的、行之有效的教学方法。

第六章　学前儿童美术教育活动的内容与指导

第一节　学前儿童绘画活动的内容与指导

　　绘画是一种视觉艺术、材料艺术、造型艺术，它是通过造型、色彩、构成等来塑造艺术形象的一种艺术形式。学前儿童绘画活动是幼儿园美术活动中最主要的活动形式。因为绘画活动具有强烈的直观性和感染力，很容易为学前儿童所接受，他们把自己对生活的认识与理解，描绘在平面纸型上。绘画活动对发展学前儿童的感知能力、观察力、记忆力、想象力、形象思维能力、独立创造力都有很大的帮助；同时，通过绘画活动，还能丰富学前儿童的知识，让学前儿童掌握简单的绘画技能，培养学前儿童积极地观察生活，大胆地表现生活的良好习惯，并对学前儿童形成良好的个性心理品质和审美情趣有重要的影响。所以，绘画活动在整个幼儿园美术活动中占有十分重要的位置。幼儿园绘画活动从题材内容和形式上可分为命题画活动、意愿画活动、装饰画活动；从工具材料上和表现技法上，又可分为很多种，其中在幼儿园中经常进行的有折纸添画、棉签画、指点画、印章画、彩色水笔画、蜡笔画、油画棒画、蜡染画、水墨画、纸版画等。

一、按题材内容和形式划分所开展的绘画活动

（一）命题画活动（又称主题画活动）

　　命题画活动是由教师确定集体绘画的主题与要求，学前儿童按照绘画的主题与要求作画。命题画活动是幼儿园绘画活动的一种重要绘画活

动形式。

命题画的主要作用在于帮助学前儿童感受、尝试、摸索绘画基本造型、设色（选色、涂色、配色等）与构图等艺术形式语言，并在体验基础上发展学前儿童对周围事物与现象的观察力，描绘表达事物的表现力和培养创造性想象。

在命题画中，教师的命题很重要。教师可以结合学前儿童周围的现实生活命题，选择符合学前儿童日常生活中见到的、听到的、熟悉的、有经验和有兴趣的，并在他们心目中留下深刻印象的，又有利于启发和创造的题材进行命题，如"妈妈辛苦了""小兔乖乖""我的布娃娃"等。另外，在命题画活动中，完成基本命题后，应鼓励学前儿童联系主题进行有趣的想象与创作。

在幼儿园命题画活动中，根据内容的不同，习惯上将命题画活动分为物体画活动和情节画活动。

1. 物体画活动

（1）物体画活动的含义及作用

物体画活动是教师帮助学前儿童在充分了解、体会某一物体的形象、色彩、结构、性质等的基础上，以绘画方式对该物体进行表达、表现的一种绘画活动形式，如教学前儿童画苹果、汽车、房子、小动物、小朋友等。

物体画活动的内容非常广泛，只要是学前儿童在日常生活中能接触到的、喜爱的、感兴趣的内容，都可以作为学前儿童物体画活动的内容。物体画活动是绘画活动的起点，教师需要让学前儿童认识体验绘画对象的特征，并支持学前儿童完成对这一对象的自我表达。所以，物体画活动对于发展学前儿童的感受力、观察力，提高学前儿童的运用绘画方式做出富有自我体验的表达有着非常重要的意义和作用。

（2）物体画活动的指导

第一，调动学前儿童体验的兴趣性和主动性。

在物体画活动中，教师应选择适合于学前儿童的水平、贴近学前儿童生活经验的内容。但是，由于物体画活动主要是由教师确定主题，学前儿童事先并不知道画什么，一开始学画时往往处于一种被动的学习状态。所以，在进行物体画活动前，教师首先应该设计一些特别的、新奇的、能让学前儿童感兴趣的导入方式、方法，调动学前儿童主动感受，促进其表达兴趣、表现动机的生成，从而为下一步的活动打下基础。比如，采用故事、实物体验、游戏、儿歌、猜谜等导入形式来调动学前儿童学习物体画的兴趣性和主动性。

第二，引导学前儿童充分体验物体基本特征。

观察体验是绘画的基础，但是由于学前儿童的年龄特点，他们的观察体验往往具有很大的随意性，他们不会主动、有意地观察物体，即使观察也非常粗略、笼统。所以，教师引导学前儿童观察体验的逻辑要清晰、有趣，语言要简练明确、生动形象。也就是说，教师教学的重点在于设计好引导性观察和体验的方式，以有目的、有顺序、有参与的方式，使学前儿童产生与体验物接触的兴趣和经历。

例如，画菠萝的活动，教师就可以通过以下几步来完成观察体验活动：

一是先将削好的菠萝块儿，放在小碗里并用纱布罩住碗口，再请小朋友们闻一闻小碗里散发出的是什么样的气味。

二是出示完整的菠萝，请小朋友们找一找刚才闻到的气味是从菠萝的什么地方散发出来的。

三是请小朋友想一想怎么吃这个菠萝。

四是当着小朋友们的面，现场表演削菠萝。

五是把事先用盐水浸好的菠萝块儿，请小朋友们品尝。

在闻一闻、找一找、想一想、看一看、尝一尝的体验之后，每一个学前儿童对菠萝都有了自己独特的亲身感受，再让小朋友们画菠萝，每个学前儿童也就会做出基于自我体验的、有个性的形象表达。这样的作品才能真正体现学前儿童的独特视角和学前儿童的创作表达。

第三，通过成人经验的平行影响、伙伴间的互学、多层次的欣赏，提升学前儿童表现物体画的能力。

任何学习与尝试都需要平台的提供与材质资料等的启发。在学前儿童绘画表达的过程中，作为成人的教师可以和学前儿童一起观察、体验，也可以以自己的视角，尝试对绘画内容做出自己的表达表现。成人处于写实期，可能在造型、视角上均和学前儿童有所不同，但是也会在造型操作性等方面对学前儿童产生引领和启发的作用，教师和学前儿童的平行操作活动也表示了平等、沟通、互学、对话的重要意义。

学前儿童间由于发展水平的不同，体验感受的不同，表达表现的方式、形象、内容也会有所区别。美术活动中彼此欣赏、尊重不同，互相通过借鉴模仿，丰富自己的表达方式，也是学习绘画表达的很好方式之一。

在各种类型与内容的美术表达表现上，无数艺术家都曾用自己的视角、自己的尝试，完成了各具艺术特色的艺术性、欣赏性极高的作品。对这些作品的欣赏，也是丰富学前儿童表达表现方法手段的可行方式之一。对于欣赏作品中的色彩、线条、形制的借鉴与模仿应出于学前儿童的自发自觉，并能潜移默化地提升学前儿童绘画表现的能力与艺术性。

第四，在学前儿童物体画活动中，教师应为学前儿童预设出自由创造的平台和空间。

艺术表达最为重要的一点，就是能自由地做出基于自主的表现与创造，这也是艺术活动的优点与灵魂。虽然在物体画活动中，绘画的主题内容基本上是由教师确定的，但是对于每一次绘画活动，教师都应该精心安排出一些方向与空间，放手留给学前儿童去进行联想设计与创造，只有这样，孩子们才会在学习表达的同时也获得了自我创造性的满足。并且，潜移默化地将外在的影响给予与内在的自我愿望进行对话与融合，再通过得到成人与同伴的认可，可以增强自我与外界互动的信心，获得创造能力的锻炼与提升。

【案例一】

学前儿童画玩具小熊时，教师结合实物，对小熊的外形进行了引导性观察，并赋予玩具小熊独特的个性与生命力，再请学前儿童为小熊设计衣服的颜色、图案。学前儿童画好后，教师还请学前儿童送礼物给小熊，学前儿童自己画了很多好吃、好玩的东西送给小熊，如棒棒糖、冰淇淋、水果、小汽车、布娃娃……这期间经常是学前儿童想画什么，但是不会画，教师要耐心地帮他们回忆、描述、观察想画的事物，甚至向学前儿童展示可能的画法，因为学前儿童有强烈的绘画动机，所以会非常认真地体验学习。许多学前儿童具有自身创意的绘画形象，也就顺畅地流淌于方寸之间了。其中有思考、有互学、有创造。

第五，在物体画活动中采用多种技法和系列命题方式。

在物体画活动中，教师既要对所画事物进行事先分析、做好准备，又要能随机应变，在学前儿童的绘画活动中提供必要的技巧支持。为了增强学前儿童绘画的兴趣与信心，可以变换使用多种材料与技法，提高学前儿童物体画画面的表现效果，同时掌握各种绘画媒介的基本性能和使用方法，通过系列命题来提高学前儿童造型的新技巧。

2. 情节画活动

（1）情节画活动的意义及作用

情节画活动是在物体画活动的基础上进行的，它是教师让学前儿童以个别物体与其他物体相配合，表达一定情节的绘画活动形式，如"美丽的家园""我爱幼儿园""动物园"等。

情节画是在物体画的基础上，进一步帮助学前儿童掌握如何表现物体形象，让学前儿童知道如何根据主题内容和表现的需要把有关联的各种形象恰当地安排到画面上，正确地表现出形象间的相互关系。情节画活动有助于提高学前儿童绘画的基本技能，对培养学前儿童绘画的目的性、计划性，培养学前儿童构图、布局的能力，促进学前儿童思维综合性和表达能力的发展，具有特别重要的意义。

（2）情节画活动的指导

第一，引导学前儿童认真观察、感知周围的事物，以及事物之间的空间关系和相互的联系，为情节画学习打下基础。

　　由于学前儿童在掌握物体现实空间关系与画面空间关系上是不同步的，一般对画面中空间关系的表现要相对滞后。因此，教师要通过各种手段带领学前儿童观察、感知周围的事物，不仅要注意引导学前儿童观察个别物体的形状、颜色、结构、各部分的相应大小等，也要注意引导学前儿童观察、感知各物体在空间中的位置关系和相对大小关系，如主要形象与次要形象的大小比较、主次形象的位置关系，以及远处的物体看起来比近处的要小一些、有些物体被另一些物体遮挡时只能看到它们的一部分等，以帮助学前儿童提高对画面空间关系的认识。学前儿童是画其所知，在知觉内容上下了功夫，学前儿童的绘画表现自然就会丰富起来，为情节画学习打下坚实基础。

　　第二，在进行情节画活动时，教师可借助分析和欣赏手段帮助学前儿童理解、表现情节画构图布局特点的方法。

　　情节画活动和物体画活动是不同的，情节画活动更注重物体之间的空间搭配关系。因此，在进行情节画活动时，教师不仅要分析讲解如何表现单个形象，更重要的是讲解如何突出画面主题、组织画面、合理地构图、布局等。此时，一些适于学前儿童理解的农民画、优秀学前儿童画、大师作品等的构图欣赏，可以帮助学前儿童更好地掌握整体、局部的画面安排，引导学前儿童分析各形象间的相互关系，为他们安排好位置，通过画面色彩冷暖色对比、色彩表现、分区等来进行绘画。同时还可以通过与学前儿童进行对话、讨论，帮助学前儿童理解绘画主题，以帮助学前儿童提高情节画的表现能力。

　　第三，运用多样化的练习手段，发展学前儿童情节画的能力。

　　在幼儿园的情节画活动练习中，可以运用故事画、日记画、探索画、游戏画等，来练习发展情节画的表现能力。例如：在故事画中，教师通过讲故事的方式，先让学前儿童明了一些简单的情节，再引导学前儿童根据自己对故事的理解与记忆进行表现；在日记画中，可以让学前儿童根据自己所经历的、最深刻的事，用绘画形式将它们表现出来；在探索画中，要注意选择好既能让学前儿童感兴趣又能够让其充分展示绘画才能的主题，让学前儿童进行探索式绘画，特别是添画，对初学情节画的学前儿童是一种最好的练习方法；在游戏画中，可以通过游戏的方式让学前儿童在绘画中充分体验游戏的快乐和愉快的心情，感受美好的情感，完成情节画的表现。

（二）意愿画活动（又称自由画活动）

1．意愿画活动的含义及作用

意愿画活动是学前儿童根据自己的生活经验，由自己独立确定绘画主题和内容，运用所掌握的美术知识和技能，自由地表达自己情感、愿望的一种绘画活动形式。

意愿画活动强调学前儿童要通过自己的想象和思维来作画，它对学前儿童没有任何约束，只要求学前儿童对自己看到的、听到的、想到的内容大胆地进行加工组合，组成一张新的有一定情节的画面。因此，意愿画的学习，对发展学前儿童的想象力、创造力，培养学前儿童大胆、主动的表现能力，有着特殊的意义和作用。

2．意愿画活动的指导

第一，结合学前儿童生活体验，运用启发、讨论等方式引起学前儿童的表达愿望。

意愿画活动的内容极其广泛，凡是学前儿童看到的、听到的、接触到的或是想到的事物、现象，都是他们作画的题材。由于学前儿童个人的兴趣、爱好、生活经验不同，他们在意愿画活动中，常常会拿不准画什么是自己体验最深刻、最感兴趣的事物，会出现画着画着就改变了主意，不能定下自己所要表现的内容的情况。为此，教师应该在意愿画活动一开始就用富有情感的启发性语言、生动的讲述，以及给学前儿童看图片、讲故事、欣赏优秀作品等形式，来激发学前儿童画意愿画的愿望，唤起学前儿童对过去知识经验的回忆，帮助学前儿童通过积极思考，产生意愿画的表达内容与愿望。

第二，创造宽松的意愿画作画环境，按学前儿童不同能力帮助学前儿童大胆地进行意愿画活动。

　　由于意愿画活动是由学前儿童自己出题目、自己确定画画内容，教师在学前儿童已确定绘画内容后，要给学前儿童提供一种轻松愉快、自由活泼的环境和气氛，了解每个学前儿童的能力，使学前儿童在一种全身心放松的环境和气氛中大胆自由地作画。因此，在指导学前儿童进行意愿画活动表现时，不能对学前儿童要求过死、过细，不要在学前儿童创作过程中打断他们的思路，不要将自己的意愿和想法强加给学前儿童，也不宜作过多的集体性示范讲解，这样才更能保证学前儿童自由、大胆地进行意愿画活动。

　　第三，关注学前儿童意愿画作品时，要尊重学前儿童的创造性与发展阶段。

　　学前儿童的意愿画主要强调的是他们创造力和想象力的发挥。对成人来说可能是极为有趣或很难理解的创造，但是从学前儿童的角度，这其实可能正是他们感性大于理性发展阶段的使然。当学前儿童经过独立想象、思维创作了一幅作品以后，会渴望得到教师的肯定和赞许，因而教师不能用自己的任何固定程式作为评价的标准，而应仔细地品味每个学前儿童的作品，体验他们的思想感情，理解他们画面的意图、思想，重点评价学前儿童在作品中大胆想象和大胆表现上的点滴进步，肯定他们的创造性，以正面评价为主，这样才能激励学前儿童进行意愿画活动的热情和兴趣。

　　总之，在意愿画活动中，除了强调让学前儿童"自己想自己画"以外，教师还是要合理地指导，虽然不作具体的、集体的要求，但要在关注、启发、支持学前儿童大胆想象、大胆表现上下更多的功夫。同时，意愿画活动要与命题画活动进行合理的穿插、配合，这样更有助于学前儿童表现技能的运用和创造兴趣的激发、保持与提高。

（三）装饰画活动（又称图案画活动）

1. 装饰画活动的含义及作用

　　装饰画活动是指学前儿童运用各种花纹、色彩在各种不同的生活用品的纸型上对称地、和谐地、有规则地进行美化、装饰的一种绘画活动形式。

装饰画活动属于工艺美术的一种，它突出的特点是花纹优美、色彩鲜明、构图对称均衡。所以，装饰画活动有助于发展学前儿童手部动作的准确性、灵活性，有助于提高学前儿童的审美能力和对装饰工艺的兴趣，有助于发展学前儿童创造性的美化生活的能力，以及认真、细致、有耐心、有条理的良好习惯和心理品质。

2. 装饰画活动的指导

第一，引导学前儿童观察、欣赏大自然和日常生活中美的花纹、图案和形式。

帮助学前儿童理解装饰画的概念，培养学前儿童形式美的经验和对装饰画活动的兴趣以及对装饰图案的审美能力。教师要在平时注意收集有关图案的资料，分门别类，加以整理。例如：收集自然界中的树叶、蝴蝶、贝壳等；日常生活中的毛巾、手帕、茶杯、花瓶、花布等；民间工艺品中的刺绣、瓷器、漆器、工艺帽子等。引导学前儿童感受欣赏它们的花纹变化、构成规律，提高学前儿童对装饰性形式的了解、对装饰画活动的兴趣。

【案例二】

在装饰画活动中，学前儿童设计的图案比过去丰富了许多，但同种物品图案缺少变化。以装饰衣服为例，学前儿童缺乏装饰经验，装饰花色单一。于是教师向他们提出问题：是所有的衣服都一样吗？同时从孩子们日常穿着入手，让他们一起观察、比较。孩子们会发现衣服有长有短，样式、颜色各不相同，面料、装饰花纹形状各异，"有的是用花朵装饰""有的用各种几何图形装饰""有的有花边儿"……当他们再次设计衣服的装饰花纹样时，就将自己的观察与体验表现在作品中，各种花纹、形状、颜色的衣服跃然纸上。

第二，帮助学前儿童掌握简单的装饰画技能。

由于装饰画的装饰性和规律性较强，教师在学前儿童对装饰画已有一定的感受和兴趣的基础上，可以帮助学前儿童掌握画装饰画的简单技能。

（1）帮助学前儿童掌握绘制简单花纹图案的技能。可以从点到线地开始，然后逐步由线到简单的几何图形，进而增加自然界的花、草、树木、鱼、虫、鸟、禽以及传统民族的花纹等。要由浅入深、由易到难、由简到繁地逐步增加内容和要求。

（2）帮助学前儿童掌握排列花纹和找位置的方法。花纹的排列主要有单独式、连续式、对称式、放射式等。单独式花纹可以让学前儿童自由表现；连续式主要是帮助学前儿童了解排列的秩序，认识相对位置上的花纹、色彩、大小、形状应当基本一致，可以让学前儿童先在长条纸上学习定位，找中点，然后找左、右对称点，最后在两点之间再找中点，以此连续类推，然后再在点上画简单花纹；对称式、放射式是当学前儿童掌握了在长条纸上连续排列和设计花纹后，再学习在正方形、圆形、长方形、椭圆形、菱形以及不规则形和一些日常生活用品的外形上学习先找中心点，然后在对边、对角上画相对称的花纹，或由中心点向外伸展，画放射的花纹。

（3）帮助学前儿童掌握一些色彩的基本知识，培养他们使用色彩的能力。色彩是装饰画表现的重要组成部分，使用各种调配适当的色彩，使装饰画更协调、美丽。可先教学前儿童认识基本色：红、黄、蓝，再使学前儿童知道颜色是会变的，红、黄、蓝可以调配出各种色彩。同时，还要帮助学前儿童意识到配色要鲜明、美观，在运用色彩时，不一定要按照某种花纹的本色涂色，可以让学前儿童根据自己的兴趣爱好选择。

第三，充分运用各种材料和手段，在装饰画中更进一步培养学前儿童的想象力和创造力。

由于装饰画有较强的规律性和秩序性，教师很容易在活动中把注意力集中在装饰规律和技能的讲述和示范上，忽视了学前儿童想象力和创造力的培养，这也违背了学前儿童美术活动的根本目的。因此，教师应该在帮助学前儿童掌握装饰画简单技能的同时，充分利用各种自然材料和手段，允许学前儿童在掌握装饰方法和规律的基础上有发挥、有创造。

二、按工具材料和表现技法划分所开展的绘画活动

按工具材料和表现技法的不同来划分的学前儿童美术活动内容非常多，根据各个地方的不同特色，以及时代发展所涌现的新材料、新方法，很难将它们一一列举，这里仅就一些常见、优秀的方法做简要的介绍。

折纸添画：将折好的折纸作品（形象），粘贴在另一张纸上，再添画自己喜欢的图形组成的画。

棉签画：用棉签蘸颜色来画的画。

指点画：用手指蘸颜色来画的画。

印章画：将一些自然物品和生活用品（瓶盖、树叶、花等）和用橡皮、肥皂、土豆等制作好的图形，蘸上颜色，再盖印在纸上的画。

彩色水笔画：用彩色水笔画出来的画。

蜡笔画：用各种彩色蜡笔画出来的画。

油画棒画：用各种色彩的油画棒颜料画出来的画。

彩色铅笔画：用各种色彩的彩色铅笔画出来的画。

蜡染画：先用蜡笔或油画棒画出形象，再用水彩或水粉涂上底色所画的画。

水墨画（或彩墨画）：用毛笔蘸水墨和颜色，将形象画在吸水性较强的生宣纸上，以笔法变化为主，发挥水墨、彩墨染的效果的画。

纸版画：在一张纸上先画形象的各部分，然后剪下来，又按其结构分别粘贴在另一张纸上，再用纱布包成的棉花球或小油滚滚上油墨，然后再将另一张白纸覆盖在上面，用力抽打或滚压，揭开白纸形成的画。

水彩、水粉画：用水彩或水粉颜料来画的画。

喷洒印画：在一张白纸上铺盖上不同形状和形象的纸片或一些自然物品（树叶、花）或生活用品（瓶盖、钥匙）等，用小木棒头拨动蘸有颜色的牙刷毛，于是颜色就喷洒在纸面上，当颜色全部覆盖在纸面上

后，轻轻拿开压在上面的纸片或物品形成的画。

以上从各种工具材料和表现技法上来开展的绘画活动，能充分调动学前儿童学画的兴趣，让学前儿童感受各种工具、材料、技法的多样性、丰富性。只要教师积极认真地准备，多给学前儿童提供工具、材料，学前儿童就能在对各种工具、材料、技能的体会和感受中发挥自身的想象力和创造力，画出丰富的绘画作品，得到美的陶冶。

第二节 学前儿童手工活动的内容与指导

幼儿园手工活动是学前儿童在教师引导下，利用各种材料进行的造型操作游戏。幼儿园手工活动的内容主要包括泥工、纸工和利用各种其他材料进行的综合性手工活动。因为手工活动的游戏性与操作性都很强，作品好玩又好看，既可以装点环境又可以作为学前儿童的玩具，所以深受学前儿童喜爱。同时，在手工活动中，学前儿童的动手能力、操作协调能力、耐心细致和有序的工作习惯都会得到锻炼与培养。在具体的手工活动中，教师要注意材料、内容的选择既要适合学前儿童的兴趣与水平，又能体现出美的形式。在对工具材料的使用上，要使学前儿童能通过反复的操作熟悉它们的性能，正确掌握使用方法。

一、手工活动的内容

（一）泥工活动

从活动性质上说，幼儿园的泥工活动可分为：单纯的玩泥游戏即无主题自由塑造和有主题的泥工学习与表达。从简单的形体，到有情节的多个物体组合，都是贴近学前儿童生活、令学前儿童喜爱的内容。泥工活动初期学前儿童必须通过反复多次的玩泥游戏，才能逐渐熟悉泥工材料的塑造特点。在游戏中教师可选取学前儿童熟知的事物，通过示范、讲解等方式渗透简单的泥工技巧，和学前儿童一同体验塑造的过程，当学前儿童掌握了一些简单的塑造方法，他们就可以用泥塑的方式进行再现与创造。

1. 泥工活动的工具材料

(1) 泥工活动的材料

幼儿园常用的泥工材料有橡皮泥、多彩泥、自制面泥、陶泥等，因为便于操作与保存而被广泛使用。也有些幼儿园根据自己的地方特色采用较为方便的泥工材料，如黄泥、黏土等，它们在塑造与操作的性能、技巧上都基本一致。

橡皮泥：是一种人工合成的专供学前儿童使用的油性泥工材料，颜色丰富，易于造型。但是，在气温较低时会变干硬，气温较高时又会变得太软。教师要在学前儿童使用前对其进行加工，具体的方法是将橡皮泥放进塑料袋里扎紧，再放入热水或冷水中，来改变其太硬或太软的状态。另外，橡皮泥的油性较大，容易污染桌面和双手，所以在使用时还要注意做好保洁工作。

多彩泥：是一种人工合成的专供学前儿童使用的泥工材料，颜色艳丽，色彩可以互相调和而生成新的颜色，特别适合学前儿童游戏操作。但是，因为它的水质特点，保存时需要喷水密封，不然会变得干硬而难以塑造。

自制面泥：我国民间的面泥捏塑工艺历史悠久，用面泥塑造的形象细腻、逼真。幼儿园教师可以自制面泥作为学前儿童泥工的材料。制作方法是：小麦面粉或糯米粉加水，加凡士林油和水粉揉成软硬适中的面泥。为使颜色艳丽、柔韧性好，可以加适量的食盐。如果想反复多次使用，再加入适量的防腐剂。

陶泥：一般是用于专业塑造的泥工材料，泥质细腻柔软，可塑性极强，是最具专业特点的泥工材料，除了捏塑还可以拉坯制作陶罐。有条件的幼儿园可以让学前儿童体验陶泥操作的乐趣。陶泥作品需要阴干，干透后的陶泥还可以进行彩绘。

(2) 泥工活动的工具

如果没有专用的泥工教室，在学前儿童泥工活动时可在桌面上铺一块塑胶板，以方便学前儿童的塑造活动。泥工活动最基本的工具包括切割用的泥工刀、竹签或小木棍以及擦手的湿布。此外，还可为学前儿童准备一些辅助材料，如牙签、线绳、纽扣、瓶盖、羽毛、小梳子等帮助学前儿童完成连接、装饰、轧花等要求。

2. 泥工活动的基本技能

泥工活动的基本技能包括团圆、搓长、压扁、粘接、捏泥、押拉、分泥等，可根据学前儿童的年龄，由浅入深地设计有趣的泥工活动内容，在游戏的氛围中进行练习。

团圆：将泥放在两手的手心中间，双手加力均匀转动，将手中的泥团成圆球。如"制作项链"，教师可以和学前儿童一起团制许多彩色的小圆球，团好后用小牙签串一个洞，待泥珠晾干后再把它们串起来，做一串美丽的项链。

搓长：将泥放在手心中，两手前后搓动，将泥搓成长条或圆柱体。如"铺铁轨"，教师为学前儿童准备大小均匀的泥团，请学前儿童做小工人，生产一条条的枕木，教师来检查枕木的规格是否合格，并帮助学前儿童完成"生产"，利用辅助材料（长塑料软管）和学前儿童完成铁轨的搭建，还可进一步开展火车的制作与游戏活动。

压扁：用手掌或工具（一般选用较平的积木或瓶盖）将搓成的长条或团成的圆球压成片状。如"糕饼店"，教师为学前儿童准备一些糕饼的图片和辅助的工具，和学前儿童一同进行有趣的团压制作。

粘接：将塑造物体的两部分连接的技巧，一般有两种方法：一种是直接连接，可将需要粘接的两端塑成一边凸出另一边凹进，将两边插接后压紧；另一种是棒接，即用小木棍儿插接两端，压紧后完成的连接。如"雪人"，它的头部就需要粘接完成。一般来讲，人物、拟人化的小动物的头部、篮子的提把、水碗的把手等都要使用粘接的技巧。

捏泥：用拇指、食指、中指的指尖互相配合，捏出细节部分的技巧。如"包水饺"，饺子的边儿就是用手指尖的动作配合捏制而成的。另外，像小鸭子的嘴、小猫的耳朵等都是用捏的技巧来完成的。

　　抻拉：就是从一整块泥中，按物体的结构抻拉出各部分。如"大象的鼻子""天鹅的头颈部"。

　　分泥：用目测的方法将大块的泥，按物体的比例，分成若干小块来准备塑造的技巧。如为塑造人物做准备，将一整块泥平均分成 5 块，其中的一块准备塑造头部，两块加起来准备塑造身子，另两块合在一起再分成一大一小两块泥，大块的分成两块准备塑造双腿、小块的分成两块准备塑造双臂。

（二）纸工活动

　　幼儿园纸工活动是以不同性质的纸为材料进行的游戏造型活动，涉及撕、剪、折、粘、卷、拼、贴等多项技巧。经常开展的形式有折纸、剪纸、撕纸、粘贴、染纸，下文将在操作技巧上给予简要说明。除此之外，还有许多纸工活动，如编纸、卷纸、纸雕等，教师可根据实际需要灵活开展。

1. 纸工活动的工具材料

　　学前儿童手工活动的用纸范围很广。皱纹纸、宣纸、彩色卡纸、复印纸、瓦楞纸、包装纸，专供学前儿童折纸用的手工、废旧画报、挂历、报纸等在使用中要根据不同的内容来选取适合的纸材。比如，剪纸需要较薄的纸，染纸要用吸水性强的纸，折纸则需要既薄又有韧性的纸。纸工活动较常用的工具有剪刀、胶水（胶棒、双面胶）、颜料等。熟悉它们的使用技巧，是开展好纸工活动的基础。

2. 纸工活动基本技巧

（1）折纸手工

　　折纸是一种传统的学前儿童手工游戏，通过折纸获得想象力、创造力等多方面心智的成长，还有助于树立几何及数理的观念，养成耐心、细致、按顺序工作的好习惯。折纸一般选用正方形的纸，也有的是长方形或三角形纸来完成的；有单张纸折叠，也有多张纸的组合折叠。作为教师首先要学会分析折纸例图，学会看折纸的图示符号，还要了解折纸的基础型折法，知道它们的名称，能以简练、准确的语言、动作带领学前儿童折纸。在折好基础型的基础上，可以更方便地进行进一步的折叠造型。经常使用的折纸基本型有对边折、对角折、集中一角折、四角向中心折、双正方、双三角、双菱形、双船等。教师在折纸活动中，根据学前儿童的年龄水平，可以采取步步领折、语言指示折或请学前儿童看图示折等方法。

（2）剪纸手工

剪纸活动的技巧主要包括使用剪刀的技巧和折剪中的折叠技巧。学前儿童需要反复多次练习，才能熟练使用剪刀，教师可以安排各种简单、有趣的内容，帮助学前儿童逐渐掌握剪刀张、合的控制，动作协调地进行剪纸。例如，把剪刀当成小鱼，"小鱼张开大嘴巴，吃掉纸上的小虚线"就能较为形象地帮助学前儿童练习剪纸的方法。

中、大班可以通过折叠剪纸的方式增加剪纸的乐趣，增强剪纸的丰富性。可以进行对称折剪、圆形纹样的折剪、四角形纹样的折剪、三角形纹样的折剪、五角形纹样的折剪、六角形纹样的折剪、二方连续纹样的折剪、四方连续纹样的折剪等，在装饰节日环境时，还可以学习简单的节日拉花、彩篮等的折剪。

（3）撕纸手工

撕纸活动对学前儿童来说是一种比较放松有趣的手工活动。撕纸的形式一般有自由撕、按轮廓撕、焖线撕、折叠撕等。撕纸作品生动稚拙、粗放夸张，具有独特的美感。撕纸技巧集中在双手指尖的配合，控制纸张向两个方向用力撕动。技巧的纯熟，有赖于多题材、经常性的练习与体验。

（4）拼贴纸工

拼贴是学前儿童将各种纸质材料用胶粘在纸面上，构成有质感画面的手工活动。学前儿童拼贴常常出于兴趣，不太考虑构图，却往往有生动的效果，教师不必强求一律，应给学前儿童尝试的空间。纸类拼贴涉及的技巧主要有选择构图、使用胶水（胶棒、双面胶）、粘贴步骤、保持画面清洁等。可粘贴的纸质材料范围很广，学前儿童粘贴的主要材料是各种色彩、质地不同的纸类，如彩色皱纹纸团、彩色碎纸、废旧画铜版纸等。

粘贴步骤一般为先拼摆，后粘贴。教师应使学前儿童能预先构图感知效果，之后再合理而有目的地进行粘贴。为保持清洁可使用小棒等工具帮助涂胶，教师要示范、说明胶水的用量，为学前儿童准备擦手用的湿毛巾。

（5）染纸手工

染纸是利用吸水性强的纸，采用某种方式折叠后，用颜料点染或浸染，展开、干透，即形成富有装饰性的多彩纹样。染纸操作简便，纹样变化丰富，艺术性与可操作性高度统一。染纸一般选用毛边纸、生宣纸、高丽纸等吸水性较强的纸。颜料则最好选用透明水色、水彩笔颜料等水性、较浓艳的颜料（可以加水适量勾兑）。还要准备盛颜料的容器、点染用的毛笔和棉签、擦手用的湿布、纸巾、衬纸等。染纸手工制作的主要环节依次为折叠、染色、打开和粘贴。

折叠方式直接影响染后纹样的效果，不同的叠法可以染出放射、彩条、彩格、对称等许多纹样形式。学前儿童可从简单的方式开始尝试，逐渐掌握规律，进行有目的的折染。染色时要用指尖捏住纸端，观察颜色的渗透，还可以进行色彩配比的试验，如红、黄、蓝三色两两交叉浸染后，就会产生橙、绿、紫的色彩变化。还要控制好浸染色彩的湿度，如水分太大，可在容器上刮一刮，或用纸巾轻压，吸掉多余水分。由于水分大、纸又薄，打开时需要十分小心，教师要预先提醒，并帮助有困难的学前儿童。

晾干后的染纸作品，既可以直接粘在衬纸上，也可以进行折纸、剪纸造型或做其他装饰用途。

（三）其他材料的手工活动

幼儿园的手工活动除上述的泥工、纸工活动，还包括许多利用其他材料进行的手工活动，经常是为了完成某一主题，需要同时使用多种材料和技法进行综合表现。涉及的材料多种多样，自然材料、生活废旧物品，只要符合卫生和安全标准，适合学前儿童操作，都可以纳入学前儿童的手工活动的材料范围。市场上的手工活动教材，内容丰富、技巧多样，教师可酌情选用，帮助学前儿童提高创意与制作的能力，丰富他们表达、表现的手段，提升美感经验，如茶水扎染、卵石彩绘、纸盒玩具、麦秸秆编结、软陶制作、体验造纸、拼图玩具制作、画框制作、纸杯风车、毛线十字绣、木偶制作、风筝、面具制作、纸盘装饰、玻璃瓶风铃等。制作材料包括各种织物（布、毛线），自然物（树叶、果皮、果壳、蛋壳）等。

二、手工活动的指导

学前儿童手工活动与绘画活动的指导有许多相似的地方，都要尊重学前儿童能力的发展，尊重学前儿童的创造与表达，提供适合学前儿童水平的表现技巧。学前儿童手工活动又有其自身的一些特点，它更侧重于对材料性质的体验，对制作技巧与程序的学习，追求较为完整的作品形式。因此，在指导方式上应侧重以下五方面的考虑。

（一）准备精美有趣的范例，引起学前儿童操作学习的动机

手工活动是通过对各种材料的加工，制作出具有美的形式的物品。在活动前，对精美范例的欣赏，能激发孩子们对制作活动的向往，对所要进行的操作结果产生明确的直观感受，在审美理想的感召下，在获得有趣玩具的目标下，学前儿童会更加积极地投入手工活动。根据内容，范例可以是教师的制作，也可以是实物；可以是单一的范例，以帮助学前儿童完成模仿练习，也可以是不同类型的一组范例，以开阔学前儿童的思维，提供借鉴与选择的空间。

（二）教师清楚地讲解演示制作的基本技巧

手工活动，特别是折纸等需要有序进行的操作，教师的讲解示范十分重要。教师的示范速度要根据学前儿童的反应来控制，对较难的环节要用学前儿童能够理解的语言反复讲解，操作环节要让每个学前儿童都能看得清楚明白，有些方法的重复可以请学前儿童自己来尝试，再根据

他们的问题进一步讲解演示，简练规范的讲解演示对学前儿童的手工学习帮助很大，需要教师活动前进行完整的练习，新教师特别要体会语言讲解与演示操作的恰当结合。

（三）制作过程中耐心地帮助与支持

因为手工活动涉及许多技能、方法，所以在活动中学前儿童需要更多的指导与帮助，特别是一些细节的处理对他们来说非常困难。这时教师的态度是十分重要的，需要对学前儿童进行帮助，在小范围内帮助一名学前儿童操作，可以使周围的学前儿童再学习一次方法示范。对于难点，教师应及时做出调整，降低要求，使多数学前儿童能顺利地完成操作。

手工活动虽然遵循一定的方法与程序，但仍然是极富创意的美术活动，因此在活动中，对学前儿童的操作也应给予空间与自由，对他们的尝试与创意应报以支持与赞美。

（四）对作品的处理需要充分尊重学前儿童的意愿

学前儿童的手工作品如同学前儿童一次异地旅游的纪念，对他们来说意义深刻，教师应妥善处理学前儿童的作品，潜移默化地影响学前儿童对自我造物的态度，教师对其作品的重视、积累、应用，也正是对学前儿童能力的一种肯定。处理的方式多种多样，或作为玩教具使用，或作为艺术品装点环境，或作为礼物送给家人或客人等，总之，要使学前儿童的努力与创造，体现出相应的价值。对于一些活动区中，学前儿童游戏性自由操作的作品、不需保留的作品（如泥工作品等），也要征得学前儿童的同意，再将材料重新整理好待用，这项工作最好由学前儿童自己来完成。

第三节　学前儿童美术欣赏活动的内容与指导

学前儿童美术欣赏活动是引导学前儿童感受美术作品、自然景物和周围环境中的美好事物，体验其形式美和内容美，增强审美情趣和审美能力的活动。它是学前儿童美术教育的重要组成部分。美术欣赏，让学前儿童从小与经典艺术作品、周围美好的事物直接对话，对形成学前儿童良好的艺术素养，开阔学前儿童的视野，丰富学前儿童的知识，发展学前儿童的想象力、创造力和语言表达能力，培养学前儿童的自信心和积极的情感态度等方面都具有重要的意义。

一、美术欣赏活动的内容

学前儿童美术欣赏活动是教师引导学前儿童欣赏和认识美术作品、自然景物及周围环境，了解对称、均衡、变化等形式美的原理，感受造型、色彩、构图等艺术手法及其情感表现，体验美术欣赏的快乐，从而丰富感性经验，激发学前儿童审美情趣的一种教育活动。学前儿童美术欣赏活动的内容主要有绘画、雕塑、工艺美术、建筑艺术、自然景物和环境的欣赏。究竟采取何种组织形式，还需要教师根据实际需要灵活处理和选定。

（一）绘画欣赏

绘画是利用线条、形体、色彩和构图等艺术手法在平面材料上描绘视觉的、空间的、静态形象的形体和神韵，来反映自然和社会生活、表达人们的思想情感、审美理想和社会理想的一种艺术。绘画的种类繁多，幼儿园的绘画欣赏大致有水墨画、油画、水粉画、版画、年画、学前儿童画等类型。无论何种类型的绘画，教师一般可以引导学前儿童从内容（画面的形象、情节和主题）和形式（线条、形体、色彩、构图等）两方面进行欣赏，然后启发学前儿童用语言、表情、动作表达自己的审美感受，调动学前儿童用多种感官来欣赏、感受和充分表达自己对美的向往、喜好和体验。

（二）雕塑欣赏

雕塑是用可雕刻材料，如石头、木头、可塑的黏土、可熔铸的金属等制作具有可视、可触摸的具体实体形象，以表达思想感情的一种艺术形式，它是造型艺术的一种。雕塑一般分圆雕和浮雕两类。圆雕是不附在任何背景上、完全主体的一种雕塑。对于 360°的圆雕，如 "说唱陶俑"，教师可引导学前儿童从四面八方进行欣赏；对 180°的圆雕，如 "阿福"，教师可引导学前儿童从正面和侧面进行欣赏。浮雕，则是在平面上雕出凸起的形象的一种雕塑。

无论是圆雕还是浮雕，其基本特征是作品的实体性。教师在引导学前儿童欣赏时，应着重引导他们体验雕塑作品的形体所体现出来的充沛的生命力。例如，在 "说唱陶俑" 欣赏活动中，教师可引导学前儿童从说唱者的装束、姿态和表情上来体会说唱者所表现的生动情趣。

（三）工艺美术欣赏

工艺美术是指美化的日常生活用品，是与人们的物质生活和精神生活关系密切的一种美术形式。其显著特点是工艺与美术二者的有机融合，既有审美意义，又有实用意义。通常分为实用工艺美术（或日常工艺）和观赏工艺美术（或陈设工艺）两类。前者主要是指经过装饰加工的生活实用品，如染织工艺、陶瓷工艺、家具工艺等；后者则是指专供欣赏的陈设品，如牙雕、玉石雕、木雕、装饰挂件及装饰绘画等。

幼儿园工艺美术欣赏主要是一些与学前儿童生活有关的、生动有趣的工艺美术品，如丝巾、小花伞、糖纸、花瓶、花裙子等。对工艺美术品，重点应放在欣赏其造型美和服饰美，以及这些形式美所洋溢出的趣味、情调和生活气息。

（四）建筑艺术欣赏

建筑艺术是以建筑物的体形、内外空间、总体布局及装饰和色彩来表现一种美学意识的艺术。建筑艺术是一种实用和审美相结合的艺术。学前儿童建筑艺术欣赏的作品既要考虑代表优秀文化遗产，又要考虑学前儿童心理的感受能力。一般说来，要从欣赏那些他们喜欢的、较为熟悉的建筑物开始，如民居建筑等，再由近到远地欣赏他们能理解的建筑艺术，如埃及金字塔、悉尼歌剧院等。

在学前儿童欣赏建筑艺术时，首先引导学前儿童观看全貌，使他们了解欣赏的内容，然后再用提问的方法让学前儿童感受建筑物的造型、色彩和结构，从而说明对称、均衡、规律性和稳定性等。

（五）自然景物欣赏

自然界的景物千姿百态，美不胜收。欣赏自然景物的活动是引导学前儿童开启自然美的门扉，是引导儿童发现美、创造美的钥匙。在学前儿童欣赏自然景物时，要重点引导学前儿童欣赏自然景物的形式美及其所蕴涵的生命力。例如，欣赏菊花，不仅要欣赏菊花千姿百态的美丽造型和姹紫嫣红的艳丽色彩，还要欣赏菊花迎风挺立、不惧严寒的优秀品质。欣赏自然景物时，可采取边看边讲解和停步欣赏的方法。教师要用形象化的文学语言来描述景物的色彩、形态、特征，将学前儿童的注意力吸引到将要欣赏的内容上来。例如，欣赏春天的景色时，教师可以用优美的语言描绘："春姑娘来了，风儿暖洋洋，草儿发新芽，大地穿上绿衣裳……"加深学前儿童对自然美的领会，从而把他们的思想感情带到优美的境界中去，然后引导学前儿童从整体到局部再回到整体进行深入、细致、全面的欣赏。

（六）环境欣赏

环境欣赏主要是针对人工创设的环境和装饰的欣赏，如幼儿园、家庭环境、社区环境、节日环境等。幼儿园环境突出学前儿童情趣，家庭环境体现个性风格，社区环境反映地方风土人情，节日环境强调喜庆和热闹。教师在引导学前儿童进行欣赏时，应把重点放在整体色调、布局及所烘托的气氛上，体现特定环境展现的情趣，以及人类创设环境的智慧美。例如，在中班"节日环境"欣赏活动中，教师要引导学前儿童通过对教室布置中鲜艳的色彩和各种挂件、彩带的欣赏来体验它们所表现的热闹、喜庆的氛围。

二、美术欣赏活动的指导

（一）做好物质上的准备

欣赏活动的物质准备包括作品、呈现方式、活动材料的选择和准备。选择美术欣赏作品时应注意以下四方面。

1. 符合学前儿童年龄特点

教师应根据学前儿童的兴趣、经验和接受能力，在众多的美术作品中认真比较和鉴别，选择符合学前儿童年龄特点的美术作品，作品的内容要能为学前儿童所理解，作品的色彩、形象等必须为学前儿童所喜爱，同时还能拨动学前儿童的心弦，唤起他们淳朴的情感。也可以利用当前学前儿童美术片中的可爱形象，开展欣赏活动。

2. 具有一定的艺术性

为学前儿童选择的美术欣赏作品，原则上要选择名人名作或者社会上公认的、具有艺术魅力的作品。例如，徐悲鸿画的马、齐白石画的虾、韩美林画的小狗、吴冠中画的大海等形象生动逼真，色彩鲜艳和谐，线条优美流畅，构图新颖别致，既有生活情趣，与学前儿童生活经验相吻合，又有利于培养学前儿童美感的作品。

3. 形式新颖，内容丰富多彩

为学前儿童选择美术欣赏作品时，教师不能根据个人的欣赏趣味，而应充分考虑欣赏形式的多样性和内容的丰富性，安排各种具有挑战性的课题。不仅应包括中国的美术作品、工艺美术品、玩具、雕塑、建筑艺术等，而且还应该包括外国的美术作品。只有这样，才能开阔学前儿童的眼界，丰富学前儿童的审美经验，激发学前儿童自由表现的想象力和创造力，增强学前儿童热爱生活的情感。

4. 注意欣赏作品的质量

作品的选择应注意复制品的印刷质量尽可能与原作接近，并且画幅尽可能大一些，以便让学前儿童能清楚地看到。

为了营造欣赏氛围，还可以用幻灯、实物投影仪、电视录像、辅之以背景音乐等方式呈现给学前儿童。在自然景物和环境布置的欣赏中，最好能让学前儿童身临其境，感受真实的环境氛围带来的自然体验。

活动材料的准备主要是教师提供的教具和学具，它是学前儿童欣赏活动与之互动的对象。这些材料是影响欣赏教育活动效果的非常重要的因素，应该合理、适宜、安全，有利于学前儿童审美能力的提高和艺术潜能的开发。

（二）做好相关知识经验的准备

教师不仅要加强自身的美术修养，充分了解作品产生的时代背景、作者要表达的思想情感及表现手法，还要了解学前儿童，具备学前儿童美术发展规律的理论知识和感性经验。在欣赏活动开展前，教师应设法帮助学前儿童扩展知识经验，有意识引导学前儿童了解作品所蕴含的意义，深入领会作品特有的表现形式和内涵。例如，引导学前儿童欣赏花灯前，请家长带孩子逛灯会，帮助学前儿童感受花灯的外观造型、结构、色彩和图案的美，丰富学前儿童对传统节日的了解，积累有关花灯的表象，增强民族感情。

（三）认真研究活动目标和欣赏内容

认真研究活动目标和欣赏内容是欣赏活动是否能有效果的前提。活动目标的制定应充分考虑美术欣赏的总目标和年龄阶段目标，并把它们转化成活动目标。例如，大班剪纸作品欣赏活动的目标有三个：欣赏剪纸作品，知道它是中国传统的民间艺术之一；感受各种剪纸作品鲜艳的色彩、夸张的形象、虚实变化的构图，培养审美能力；感受剪纸作品所蕴含的美好愿望，激发热爱民间艺术的情感。这一目标是大班年龄阶段目标的具体化，是根据剪纸作品这一内容所表达的审美价值来制定的。

（四）采用多种方法、手段进行欣赏

学前儿童美术欣赏教学，不是单纯地让学前儿童看一看欣赏对象，而是要运用灵活多样的方法让学前儿童体验美感，在知识面、感受力、领悟力、想象力和创造力、语言表达能力等方面获得良好的发展。

（五）注重启发引导，欣赏要循序渐进

美术欣赏活动中，教师要能激发学前儿童积极参与审美活动的主动性，而不是让学前儿童在被动接受的过程中学习。因此，欣赏活动开始时，教师不要急于做讲解分析，教师应通过提问题的方法，启发学前儿

童回忆与作品主题有关的多方面知识和生活体验，使之感到亲切，产生共鸣，调动学前儿童的想象与情感，引导学前儿童展开与作品的互动。欣赏过程中，教师要引导和启发学前儿童去理解作品的内容和形式，表达对作品的感受。

例如，在欣赏梵高作品中，可以让学前儿童试验用波浪形、螺旋形的线条来画画，体验线条的运动和变化。在学前儿童欣赏、议论、评价的过程中，教师要恰到好处地整理大家的意见，使学前儿童的认识更清楚、更准确、更完整。教师还要鼓励学前儿童根据自己对作品所获得信息的体验和理解，充分发挥想象力、创造力，发表自己的见解。教师在活动结束时，可以作较为综合性的、具有一定指导意义的总结，总结要简洁生动，帮助学前儿童加深印象，提高学前儿童的审美判断能力。

第四节　幼儿园环境创设的内容与指导

幼儿园环境是学前儿童赖以活动的物质基础，是学前儿童成长的重要园地，同时也是对学前儿童进行美育的重要内容与途径。它既包括物质环境也包括人文环境，二者相互依存、相互作用。通过环境的创设和利用，能有效地促进学前儿童健康和谐地发展，学前儿童通过与环境的互动，充分发挥其自主性，也必然会促进自身健康、能动地成长。

一、幼儿园环境装饰设计原则

环境对学前儿童的发展起着不可低估的作用，其教育意义尤为重要，如何让环境更好地为学前儿童发展服务，我们在创设过程中要遵循以下六项原则。

（一）教育性原则

幼儿园的环境装饰不是为了美化而美化，各项装饰都要围绕幼儿园总的教育目标及任务来进行，各年龄班的装饰要结合各年龄班的教育特点，必须让环境的每一部分都利于学前儿童的体、德、智、美、劳各方面的全面发展。因此在创设幼儿园环境时应明确目标，而且要把目标落实到月计划、周计划、日计划以至每一个具体的活动中。

（二）审美性原则

幼儿园环境装饰要运用形式美的方法，装饰要按对称、均衡、和谐、变化与统一等规律，色彩要鲜明、协调、有主色调，给人以美感，从而使学前儿童受到美的熏陶，在环境的潜在教育功能影响下，形成初步的审美能力。

（三）趣味性原则

幼儿园的环境装饰从内容到形式都要符合学前儿童的年龄特点，要充满童趣，即教材内容要结合学前儿童生活，形式生动活泼，形象夸张，可适当变形，采用拟人化的表现手法。

（四）参与性原则

幼儿园环境创设的参与性（互动性）不仅蕴含在环境的美化、布置中，而且蕴含在环境创设的整个过程中。过去的环境创设中学前儿童的思维和行为是完全依附于教师的思维和行为的。而今，幼儿园的环境无论从内容来源、主题的产生等多方面都生动、直观、真实地再现了师幼之间平等的交流、学前儿童与教师之间亲密的关系、学前儿童与学前儿童之间的情感交流，学前儿童与环境创设之间的互动关系。幼儿园环境创设是教师与学前儿童的合作，教师要尽力引导学前儿童以小主人的身份参与创设的过程，共同讨论主题、共同设置布置，真正发挥学前儿童的主体和参与意识。

（五）发展性原则

幼儿园墙面环境创设的发展性原则是根据当前教育目标和学前儿童的现有水平，分期变换创设的。例如，在小班初期，学前儿童绘画技能较欠缺、动手能力较弱，可采取教师画主体、孩子们添画辅助形象与物体；到了中班，随着孩子们绘画技能和生活能力的提高，教师可以随机为其开设"让我们一起来做手工"的活动，激发孩子们的手工创作兴趣，让他们体验到成功感和自豪感；到了大班，教师可提供各种物品，让孩子们自己动手设计。总之，幼儿园环境的创设，不能随意、盲目，而应根据教育目标和学前儿童现有水平做整体考虑，使环境更好地为学前儿童的发展服务。

（六）动态性原则

环境的动态性包括两层意思：一是指环境的创设要根据教育和学前儿童发展需要不断发展变化；二是指在不断更新环境的过程中，为学前儿童提供更多参与活动和表现的机会和条件。如可以随着四季的变换来变更环境设计，体现四季植物生长特点和自然景物的变化。

二、幼儿园环境装饰区域

幼儿园环境装饰是根据幼儿园不同区域和需要来考虑装饰的内容和方法的。幼儿园环境布置分为室内、室外两大部分。室内包括活动室、多功能室、教室、阅览室、睡房、卫生间；室外包括园大门、操场、走廊、楼梯、各活动游戏场、墙面、园林的设计、大型玩具等。教师在环境创设的过程中要有整体规划意识，从美学的角度看，各空间与物体之间、物体与物体之间、墙的面积与装饰物和画幅之间要注意整体，比例要恰当，色彩要和谐，注意主色调与对比色的运用，多使用暖色、柔和及明度高的色彩。

（一）活动室

活动室是幼儿园环境装饰的重要空间。活动室的装饰首先是墙面设计装饰，主要的墙面装饰要突出主题，富有寓意，构图饱满、均衡，形象可爱，色彩协调，墙面装饰的高度以适合学前儿童观看为宜，窗户之间的墙面做好美化与点缀，如使用小壁饰、装饰画等，装饰布置要注重整体，避免杂乱无章，形与形之间要留有一定的距离，要注意呼应关系，零散的形象应使用一些相宜的色块或造型进行组织与统一，墙面的装饰要考虑更换的方便，除了墙面的装饰之外，涉及的每个区角也要精心设计布置，以突出各个区角的活动特点，室内装饰的相关大色块，如窗帘、墙体、地板（地毯）、桌椅以及大小柜子等色调都要注意整体、协调。

（二）其他区域的装饰

多功能教室：装饰适合用欢快、活泼、浪漫的形式，如选用一些民族学前儿童歌舞的画面，游戏、运动的画面，或具有浓郁童趣的童话故事画面等进行装饰布置。

睡房：学前儿童的睡房装饰要简洁、轻松、色彩要淡雅。

教室：布置装饰要符合学前儿童心理的认知能力，要从孩子的欣赏角度出发，要集教育、审美、享受、轻松一体化，色彩温馨、空气要流通，物品摆放有序、高低适宜，方便学前儿童自行取放，图示要亲切、有趣味，学前儿童乐于接受，悬挂作品要进行精心地装饰。

此外，楼梯、走廊的美化也十分重要，可悬挂一些不同的装饰，充分利用天花板的空间，垂吊饰品、学前儿童作品等。走道上的各种专栏装饰要主题突出，图文并茂。

（三）幼儿园大门、院落、大厅的装饰

大门与院落的大厅装饰也很重要。大门的设计布置要突出本幼儿园特点，制作要精美，构图要简洁、整体，体现童趣，门口可以设置花坛或盆景、盆花来加以美化装点，院落的绿化环境要体现自然状态，让学前儿童有一种拥抱大自然、在自然中学习的氛围，大型玩具的投放空间与位置也要有整体设计规划。院落可用的墙饰可分不同的主题进行布置，要体现幼儿园的整体环境层次。

三、材料与技能应用

幼儿园环境装饰的材料多种多样。传统的幼儿园环境布置中，我们多采用纸来成型，这样既节约成本，又便于放置相应的制作工具，常用纸有图形纸、色种卡纸、植绒纸、蜡光纸、瓦楞纸、即时贴、装饰用纸等。21世纪的今天是信息社会，人们的信息更广、头脑更灵、思维更活跃、创新能力更强，我们可选用、可利用的环境创设的工具材料更

多。废旧环保类、布绳类及综合类材料都可用于环境创设。但是，在选择材料时要注意其安全性、可操作性、趣味性、多样性。

幼儿园环境装饰常用的技法有画、剪、拼、贴、编织、插接、镶嵌、搓、缠绕、包、揉、卷等，在创设布置过程中可单独选用一种技法，也可综合使用。还要有效地利用物体与材料本身的肌理特征，使环境创设更具有视觉冲击力，更容易引起学前儿童的注意。在创设过程中要注意把握整体性。

（一）造型

造型要充分考虑并照顾到低龄学前儿童的认知能力、感知能力、心理欣赏的需要，应以稚拙、简洁、圆浑、乖巧、概括的形象来吸引学前儿童，因为学前儿童还处于尚未完全走出视觉模糊阶段，他们会对敦实、简洁、稚拙、乖巧的形象产生更多的喜爱与关注。

（二）色彩

幼儿园环境创设多选择明度高的纯色为主，画面配色宜单纯，要注意色彩面积的对比，把握好主色调的关系，在色彩的表现上接近自然生活，因为自然生活中的色彩会使稚气的孩子产生大胆丰富的想象力，辽阔的蓝天、朵朵的白云、五彩的鲜花、广阔无垠的草原、蔚蓝色的海洋等这些单纯、自然的色彩，易使学前儿童产生共鸣，易于其理解，便于其欣赏、借鉴、表现。因为低龄学前儿童从心理上就喜欢简洁、明快的色彩，在这样的环境创设中孩子们感受到色彩的变化，感受到色彩之间的美。此外，在为孩子们创造色彩对比、色彩搭配的同时，又要考虑画面整体关系及美感，使用大面积的色块或同类色为主色，要使画面既有局部美的变化又有整体协调感。

（三）内容

幼儿园环境创设的内容要选择学前儿童熟悉的、孩子们认知能力感悟到的、符合学前儿童心理需求的环境。因为学前儿童对自己熟悉的环境，能减少陌生及紧张感，能使学前儿童更好融入集体生活中。因此，我们在布置环境时，要多关注学前儿童的要求，挂一些学前儿童涂鸦作品、手工作品、绘画作品、学前儿童在园活动的一些照片，或是张贴家庭生活照以及一些学前儿童生长的小幅画，这些作品都是学前儿童所熟悉又符合学前儿童的认识与心理特点，更容易被学前儿童接受，还使学前儿童增加亲切感，同时培养了学前儿童的审美情趣。

（四）构图

学前儿童认知水平决定了学前儿童多喜爱和关注一些简洁、明快、单纯的造型，所以在环境创设的构图上要力求单纯、饱满、简洁明快、突出主体。

幼儿园环境创设不仅仅是为了强调传统观念中的"美化、绿化、净化"的外观装饰与雕琢，也不仅仅是为了展现教师的技能，而应以学前儿童发展的需要为目的，紧扣幼儿园教育目标、教学内容，充分发挥孩子们的主体作用，让孩子学会学习、学会感知，让孩子们在参与中获得经验、掌握技能。教师要充分调动孩子参与的积极性，共同创设学前儿童为之动容与之互动的环境，使环境对学前儿童在认识、情感、审美等方面产生潜移默化的影响，让其融于孩子们成长的过程中。教师要在环境创设中，逐渐转变观念，转换角色跟上时代的步伐，由单一的决策者转换为倾听者、合作者、引导者，这些多元化角色的转变将使教师更多地关注学前儿童，注意到不同学前儿童的不同的发展水平、不同的个性心理、不同的能力体现、不同的需求，使环境的创设更能促进学前儿童能力和个性的表现及发展，此时环境创设在学前儿童教育中才具有了真正的价值和意义。

第七章 学前儿童美术活动的
设计与实施

第一节 学前儿童美术活动的一般环节

在学前儿童美术活动的设计与实施之初，必须明确美术活动无论在形式、内容上如何选择，活动开展的实质一定要和国家颁布的《幼儿园教育指导纲要》和《3～6岁学前儿童学习与发展指南》（以下简称《纲要》和《指南》）中艺术领域的相关要求相吻合、相对应。教师首先要深入学习与体会，并作为艺术领域教育活动设计与实施的重要指导与依据。

特别是教育部颁布的《3～6岁学前儿童学习与发展指南》中，艺术领域从"感受与欣赏"和"表现与创作"两大方面的梳理与表述，向大家呈现的正是学前儿童美术活动设计与实施的两大关键性问题。而《指南》也向我们渗透了设计与实施美术活动中学前儿童教师所应具备的适宜行为与态度。通过仔细研读学习，教师应该将这些指南性的文字化作自己的教育思想、行为及态度。

为了更好地帮助教师理解与记忆，笔者将《指南》中教师的具体行为和学前儿童行为加以呈现和整理，从而坚定教师艺术教育的立场原则，清晰教师艺术教育的行为方式。

在《指南》中，学前儿童的具体行为多从目标中体现，教师的行为多从教育建议中表述。

根据教师和学前儿童行为，笔者进一步合并整理出在美术活动中教师和学前儿童的具体行为要点。

对于教师来说，具体行为包括：

（1）提供、营造感受美的条件、机会，倾听、交流对美的感受；

（2）尊重、鼓励、欣赏、支持的态度，开展共同完成的表达、表现操作活动；

（3）不用成人标准评价，不过多干预，以多种方式展示学前儿童作品。

对于学前儿童来说，具体行为包括：

（1）乐于感知美好事物，尝试基于自我体验的表达；

（2）有用各种绘画、手工等方式进行美术表达表现的机会；

（3）在被尊重、认可、欣赏、帮助中，发展自我，培养兴趣。

据此，教师应进一步学习如何将这些行为要求渗透转化为可操作的、更加明确具体的活动方案。

学前儿童美术活动就如同美术本身一样，有着多姿多彩的内容与形式，把它放到一种设计模式中并非最合理的选择，但是为使初学者能较明确、全面地掌握学前儿童美术活动过程的设计方法，笔者在这里介绍学前儿童美术活动过程的一般环节，即选择内容、制定目标、活动准备、过程提示、效果分析与反思五个环节，它们既是学前儿童美术教学活动的设计环节，也是一份完整的教学方案所应涉及的五大方面。

一、选择内容

学前儿童美术教学的内容体现在教案中是课题的名称，体现在过程中是整个美术活动所要围绕的主题内容。它的来源方式并非唯一。可以说，如同计划经济与市场经济的相互调节与补充一样，幼儿美术教学内容的来源既有教师的选择，也有从学前儿童的各项活动中派生。在学前儿童的需要中生成教师选择的内容。首先，应该是来自自然、生活、艺术品中的富于美感的事物。其次，要注意所选内容的科学性与合理性。在内容上，要做到内容有趣，贴近学前儿童生活；在技巧上，要符合本班学前儿童需要与接受水平。同时应注意内容的投放契合当前季节与时事，不同内容之间知识技能的连贯性。最后，由教师选择的内容，需特别注意在施教的方式上要多动脑筋，以吸引学前儿童主动热情地参与，激发他们的创作热情。

在学前儿童需要中生成的内容，因为学前儿童有较强的需求与体验，往往是孩子们较有热情去学习与完成的。由于内容并非教师预先准备，对大多数教师来说，较大的困难往往是如何提供完成此内容的技巧支持。生成的内容灵活多样，教师应放松心态、降低位置，和学前儿童一同探索、学习造型表达的方式与技巧，以多种方式帮助鼓励学前儿童将需要转化为适合他们技巧水平的内容。

二、制定目标

针对每一具体的美术活动内容，教师都要制定明确的目标。预定的目标使教师能有效地设计教学环节，检验教学效果，增强教学的有意性，避免盲目性，并能在不断积累中提高教学质量。

关于目标制定的主要依据：

（1）《纲要》《指南》中关于学前儿童艺术教育领域的目标。

（2）各年龄段学前儿童美术能力的发展水平，特别是本班学前儿童的身心能力与发展水平。

（3）从美术学科的内容特点出发，本次美术活动在审美、感知、表现方式上的具体目标。

综上所述，在制定一次具体的美术活动目标时，教师首先要从本班学前儿童美术能力发展的实际水平与需求出发，并将《纲要》《指南》中的大目标作为依据，同时深入细致地分析所选择活动内容的特点。在此基础上，对这次活动能使学前儿童的哪些方面获得成长，能激发学前儿童怎样的审美心理与心理情绪体验，培养怎样的修养、态度、行为、习惯，做出较为全面合理的预计。目标可以从审美感受与体验的重点，行为、修养、习惯、态度的培养，表达表现创作的方式等几方面来进行表述。根据具体的内容，每一次活动可能综合以上各项指标，也可能会侧重于某几个目标的达成，在制定时要根据具体的活动灵活取舍与兼顾。在活动中也可以根据实际需要做合理的调整与变通。教师要懂得目标是预定的，而学前儿童的活动是生动鲜活的，要解决好目标与实际状况的矛盾，不要拘泥于一时、一事、一技、一幅和短时效果，要着眼于学前儿童的发展，注重学前儿童整体的成长。

三、活动准备

活动准备包括经验准备与物质准备。经验准备即学前儿童完成此项内容所需具备的经验，包括认知、操作、心理、情感等多方面的准备。只有在具备一定经验水平的情况下，才能支持学前儿童愉快、顺利地完成新的学习。物质准备即完成此次美术活动所需要的各种物质材料，包括教师使用的材料和学前儿童操作的材料。

【活动设计一】

美术欣赏活动《大碗岛的星期天》（大班）

活动目标

1. 感受画面情境带来的美感，以作品主题唤起学前儿童假日生活体验。

2. 知道作品及作者，了解油画中点彩绘画的方法。

3. 初步尝试点彩绘画。

活动准备

经验准备：有游园、郊游、游泳等在公共场所活动的经历。

物质准备：①教具：画幅大小、清晰度等都适宜学前儿童欣赏的《大碗岛的星期天》（可用实物投影仪），背景音乐、音响设备，小礼帽、礼服、拐杖、烟斗、玩具小狗（体验画中情景的道具）。

②学具：调好的红、黄、蓝水粉色（每桌两份），画纸，水粉笔（与学前儿童人数相当）。

四、过程提示

过程提示实际上是根据活动内容与目标，对此次美术活动过程进行的具体设计，通过设计来有效地实施美术教育。其中涵盖整个活动的主要环节及顺序，一般由导入与体验、学前儿童操作与教师指导、展示与欣赏等几大环节组成。某一内容的活动设计，有时在一次活动中就可完成，有时则由几个系列活动组成。对有经验的教师来说，过程提示可能仅仅是一张简单的列表；而对新教师来说，则必须详细写明每个环节所采取的教学方式、方法，特别是具体的启发性提问与要求，只有这样才能保证活动的顺利进行。其中启发性提问最好使用直接引语进行表述。此外，在过程提示之后可以预计活动的延伸，当然也可根据活动内容自然生成。

【活动设计二】

有趣的色彩（中班）

活动目标

1. 欣赏幼儿园中的各种美丽的色彩，表达自己的喜爱缘由。

2. 能选择与实物相吻合的色彩，均匀地涂色。

3. 体验色彩构成的画面感觉。

活动准备

经验准备：能正确识别颜色，知道名称。

物质准备：①教具：大图画纸一张，胶棒。

②学具：5cm见方的正方形白卡纸若干（学前儿童使用），彩色笔。

活动过程

一、导入与体验

教师带领学前儿童在幼儿园中欣赏各种物品的色彩，尝试说出名称。

师：小朋友谁能说出这个转椅是什么颜色？

师：看了这么多幼儿园里的东西，你最喜欢哪件物品的颜色？为什么？

二、学前儿童操作与教师指导

1. 请学前儿童将自己喜欢的物品颜色，以平涂的方式绘制在卡纸上。

师：小朋友们刚才欣赏了这么多美丽的颜色，有滑梯上的鲜红色，有木栅栏的浅棕色，有转椅上的淡绿色……现在就请你们把自己看到的喜欢的颜色涂在这张白色的小卡片上。注意每张卡纸上只涂一种颜色，颜色要涂得均匀。

2. 可多选多涂，涂好后可以直接在教师准备好的底纸上选位置进行粘贴。

三、展示与欣赏

1. 教师和学前儿童一起将平涂好的卡纸拼贴在大图画纸上，组成一幅色彩构成的图画，请学前儿童欣赏。

师：小朋友们，看到这幅五颜六色的图画，你们有什么感觉（教师可以先表达自己的感受），你想到了什么？

2. 根据画面色彩给人的感受，请学前儿童给这幅画起个名字。

3. 将这幅画装饰装裱，形成有特色的墙饰。

活动延伸

一、欣赏成人色彩构成的图画。

二、尝试其他主题的色彩构成。也可剪贴废旧画报，作无主题色彩构成

五、效果分析与反思

效果分析与反思是在教学方案的最后预留的一项内容，是在活动后对活动实施效果进行的分析与反思。用以检验活动设计的科学性、合理性，记录在活动中随机出现的、有价值的案例，从而积累教学经验，作为今后教育实践的依据，有效促进教师教育能力的增长。

效果分析实际上也是对学前儿童美术活动进行评价的过程。对学前儿童美术活动的评价一般分为两个方面：一方面是对学前儿童美术能力发展状况的评价，另一方面是对美术活动效果的评价。前者是针对学前儿童的美术能力、表现、作品的评价，目的是通过评价了解学前儿童，

有效地帮助学前儿童成长；后者则是针对教师的美术活动设计、组织、效果的评价，目的是通过评价梳理教学脉络，分析成功点与不足的原因，为更好地开展学前儿童美术活动服务。

学前儿童的美术作品是生动的，学前儿童的美术活动是动态的，它们是各种复杂因素的糅合，虽然可以从评价的目的出发，有针对性地设定几个评价的参考点，但是仅用几个固定的硬性指标作为评价的基础，给出的结论也必然意义有限，真正有效的评价必须在具体的环境中，以学前儿童的年龄、生活、思想和感情为背景，综合灵活地进行，才能真正有效地促进教师、学前儿童的共同成长。当我们从动态的角度出发，无论是学前儿童的作品还是一次美术活动，都会带给教师丰富多元的启示。

第二节　影响学前儿童美术活动效果的重要因素

一、刺激学前儿童美术表达的兴奋性

学前儿童美术活动与成人美术活动最大的区别就是成人会因为对艺术本身的追求，而通过意志努力来控制自己，从目标出发，坚持完成创作，而学前儿童的美术活动则具有更多的游戏成分，因为不够好玩，他们可能从一开始就对画什么缺乏兴趣，或中途放弃完成作品的努力。如果这样，美术活动就失去了教育影响学前儿童的先机。因此，刺激学前儿童美术表达的兴奋性，使美术活动像游戏一样有趣，能吸引学前儿童热情地参与，是教师必须充分认识到的，是影响学前儿童美术活动动机与效果的主要因素。在每一次美术活动设计中，教师都要考虑如何刺激学前儿童的思维与兴趣，激发他们使用材料表达、表现的热情。

二、切身体验与思考

艺术表达和创意最重要的前提之一就是要有深刻具体的感性经验。

绚丽与夸张的想象、创造也离不开现实蓝本。许多富有感受性的学前儿童画都是因为他们对某一事物真切的体验而达成的。在美术活动中，学前儿童对所描绘事物的体验越深刻，创作的动机越强烈，表达也越丰富、富于创意。

【案例一】

有一天，妈妈看到小伟在十分认真地画一幅图画，过去一看，画面上有一个圆圆的太阳，奇怪的是太阳的眼睛一只睁得圆圆的，是金黄色的，另一只眯成一条缝，是五彩的。妈妈很奇怪，于是问小伟："太阳的眼睛为什么画成这样？"小伟得意地说："妈妈，您一定没好好看过太阳吧！"妈妈心想，太阳天天挂在天上，我怎么会没看过呢！小伟接着说："妈妈，我今天仔细地看过太阳，太阳可好玩了，睁大眼睛看它时，它是金黄色的，可是眯起眼睛看它时，它就是五颜六色的啦！就像画上画的一样。"妈妈恍然大悟，自己还真是没有这样看过太阳。

【点评】这样一幅关于太阳的画是富于体验、表达丰富的学前儿童画。对事物的体验方式既可以是直接的，也可以是间接的。案例中的小伟就是在直接的体验中进行了自己的表达。还有的小朋友没仔细地看过太阳，但是通过看画册或教师的画，也能画出又圆又红的太阳，但因为并非真切的自我体验，所以从表达的个性与生动性上来说都不如小伟的太阳。

因此，教师要尽可能多为学前儿童提供感性接触事物，运用各种感觉、多角度、个性化体验事物的机会，并在此基础上生动积极地表达。当然，对学前儿童亲身经历的一些内容以美术活动方式来进行记录与表达，也正是体验基础上的表达，也会产生较为生动的内容。

对某一事物的经验，有时并非亲身的经历，而是在听说中获得，但是只要有了足够的思考，表达也并不困难。作画的学前儿童说："太阳、月亮手拉手，太阳可以凉快点，月亮可以暖和点。"学前儿童以自己对太阳和月亮的经验，做出了思考与表达，充分展现了学前儿童的善良与纯真。我们要理解美术对学前儿童来说是一种语言，语言是用来表达思维和感受的，对事物欠缺思维与感受也就无从表达，或致使表达困难、生涩。想看到学前儿童画出生动有趣的图画，就要帮助学前儿童去充分感受，引导学前儿童思考，才能让最鲜活生动的事物与思考凝结在他们的画中。

三、适合学前儿童水平的美术技巧

在学前儿童美术活动中常常听到学前儿童说："我不会画这个！""我画不出来！""老师你帮我画吧！"遇到这种情况，教师一般会积极地鼓励学前儿童，帮他建立表达的自信。然而，大家会发现仅仅通过鼓励还是很难让学前儿童大胆、愉快地动笔。排除上述学前儿童可能是缺乏体验的原因，最经常的原因就是学前儿童遇到了绘画技巧上的困难，这时教师需要提供一种从简单到复杂的技巧阶梯，和学前儿童一同探索美术语言特有的结构，将学前儿童一步一步带到形象的终点；或是和学前儿童一同寻找适合的表达技巧，使学前儿童获得心理上的安全感，乐于自己尝试绘画，并从中体会学习的乐趣。所以，教师在组织学前儿童美术活动时要根据教学的内容搭好美术技巧的阶梯，使学前儿童能愉快、顺利地学说美术语言，积累绘画的形象素材，建立表达的信心。

其实，当学前儿童想要表达某一内容出现困难时，正是教授学前儿童绘画技巧的好时机。但是，学前儿童提出的需求教师不一定都会画，或者教师给的"形象符号"学前儿童不一定能接受。此时，教师就要提供机会让学前儿童自己去体验（观看—接触—感受），再把感受转化为二维的视觉图像，对学前儿童来说这不仅是对单一物体的描摹，而且是学习了绘画的方法。当然，有时教师还可借助环境、资料（幼儿园里的书）或直接的演示来帮助孩子，但要知道，你教学前儿童的形式正体现着某种习得绘画技巧的具体方法。在教学活动前和学前儿童活动中，教师要针对学前儿童可能会遇到的美术技巧问题，及时地分析教材内容，降低难度，简化方法，搭建适合学前儿童技巧水平的阶梯。

四、学前儿童对美术材料的驾驭能力

近年来，随着经济技术的发展和快速的信息交流，美术材料与技法成为美术创作的新方向。学前儿童的美术创作也加入了许多新材料、新技法的成分，应该说它为学前儿童的美术活动注进了新鲜血液，也丰富了学前儿童美术的创造性表达。因此，在学前儿童美术活动中为激发学前儿童创造力，以多种美术材料促进表达、表现的趋势已成为主流。在这里要特别提醒大家的是，学前儿童美术活动中多种材料与技法的使用应基于学前儿童对它们的熟悉与掌握，否则必然会干扰学前儿童的美术创作。

【案例二】

一次音乐欣赏活动中，教师与孩子们共同欣赏《花儿与蝴蝶》主题曲，之后分组以各种形式来表达对主题《花儿与蝴蝶》的体验与感受。有的孩子听音乐自由地跳舞，有的孩子用彩纸制作头饰……有一组学前儿童用水粉色作架上绘画，开始他们在音乐的感召下画了蝴蝶和小花，但是由于颜色调得太稀，颜料顺着纸向下流淌，画面也模糊了，于是这一组小朋友很难再进行和主题有关的绘画表现，并开始对流淌的颜色说笑。

【案例三】

在一次对春游活动的讲述后，孩子们学习了一篇关于春天的诗文，之后教师给孩子们准备了各种画材，请他们以美术方式把对春天的认识与感受表达出来。用水彩笔组的小朋友很自如地画出了春天的小树、花和人物；折纸组的小朋友也折出了郁金香、蔷薇、百合等，组成了春天的花园；只有用毛笔组的小朋友，一会儿涮笔，一会儿搦笔，在开始将近10多分钟的时间里纸上还什么也没画，只有一个孩子的纸上有一个墨点。这时教师来到了这组并用红颜色画了一朵小花，于是小朋友们也都纷纷地开始画小花。到活动结束时，这一组小朋友的画纸上关于春天的内容很少。

美术是学前儿童自我表现的一种手段，和语言一样，它体现了学前儿童自由、真实与生动的表达，因此常常被应用于学前儿童的各项活动中。而以上两个案例主要体现了学前儿童对某一工具材料的使用缺乏经验，导致不能把它当作媒介来自由表现想要表达的主题内容。这两个案例会促使教师思考多种多样的工具材料在使用中的问题。学前儿童对所使用的材料是否了解、是否熟练，是否能达到使用它、控制它，使之受命于表达表现的目的是选取它来作为表达媒介的重要因素，否则仅是表面热闹，很难有真正的艺术表现产生。

五、重复练习的重要性

学前儿童喜欢听故事，而且经常会不厌其烦地反复听同一内容。美术活动也是一样，有些学前儿童因为对某些内容的了解与表达得熟练，也会经常重复这种表达，当得到赞美时，这一表达就更会成为他经常重复的动机。教师应该利用这一点帮助学前儿童学习美术技巧，制造重复与练习的机会，让学前儿童在不断地重复与练习中将可操作的材料变为可熟练运用的媒介，将学到的表达技巧不断完善与发展。这既是学前儿童所喜爱的，也是美术能力成长的必要方式。

重复练习的方式应该灵活有趣，每一次重复都可做适当的变化与调整，年龄越小越应设计更多的游戏的成分，而年龄稍大的学前儿童则可以用集体制作、作品展示等方式来激起练习的热情。

这里仅向大家阐述了影响学前儿童美术活动动机与效果的几个最关键的因素——刺激的方式、体验的深刻性、适当的美术技巧、对材料的驾驭、重复的意义。其实影响学前儿童美术活动效果的因素是多方面的，如教师与学前儿童的关系、学前儿童的身心状态、活动的人数、操作的环境氛围等，想要成功开展学前儿童美术活动，所有这些都需要教师进行充分的考虑。

参考文献

[1]安然,邢夏婕.学前儿童美术教育设计应用·创作[M].北京:国家开放大学出版社,2018.

[2]安然,徐戈.学前儿童美术教育[M].北京:国家开放大学出版社,2018.

[3]边霞.学前儿童美术教育活动指导[M].北京:国家开放大学出版社,2022.

[4]卞彦之.学前儿童美术教育中绘本创作教学研究[D].辽宁:辽宁师范大学,2020.

[5]陈跃琴.学前儿童美术教育研究[M].长春:吉林美术出版社,2018.

[6]成珊珊.学前儿童美术教育的开展现状及路径[J].文渊(高中版),2020(9):252.

[7]崔彬.学前儿童美术教育课程教学研究[J].美术教育研究,2015(18):94—95.

[8]杜丽娜.学前儿童美术教育现状及存在问题探讨[J].中国市场,2012(31):116—117.

[9]杜素珍,刘蓉作.学前教育专业立体化系列教材学前儿童美术教育第2版[M].北京:国家开放大学出版社,2020.

[10]范利娟.学前儿童美术教育中的创造力培养研究[J].现代职业教育,2018(2):222.

[11]范占平,唐清德.学前儿童美术教育[M].北京:现代教育出版社,2015.

[12]封蕊.学前儿童美术教育与活动指导[M].南京:南京大学出版社,2019.

[13]冯婉桢.自主探究实验在教师教育教法类课程组织中的应用研究——以学前教育专业《学前儿童美术教育》课程为例[J].教育导刊(下

半月),2018(3):16—19.

[14]龚春艳.关于学前儿童美术教育的文献综述[J].中国校外教育(下旬刊),2014(8):161—161.

[15]何立群.学前儿童美术教育中发散思维能力的培养探讨[J].课程教育研究(新教师教学),2015(11):25—25.

[16]洪恬.高职学前儿童美术教育课程建设的思考[J].年轻人,2020(38):53—54.

[17]胡媛.学前儿童美术教育发散性思维培养研究[J].文存阅刊,2021(2):135.

[18]胡悦,武善忠.学前儿童美术教育[M].北京:首都师范大学出版社,2017.

[19]姜桂华,陈茜茜.学前儿童美术教育[M].北京:中国原子能出版社,2020.

[20]李力加.学前儿童美术教育与活动实施[M].上海:上海交通大学出版社,2017.

[21]李学翠,郝红翠.论多尔的后现代课程观及其对学前儿童美术教育课程改革的启示[J].课程教育研究,2015(36):5—6.

[22]廖巍巍,周妍,彭澎.学前儿童美术教育与活动指导[M].长沙:湖南师范大学出版社,2018.

[23]林冰琦,唐敏.基于"翻转课堂"项目教学法模式在大学课程设计中的应用——以《学前儿童美术教育与活动指导》为例[J].陕西学前师范学院学报,2018(2):63—68.

[24]林琳,朱家雄.学前儿童美术教育与活动指导第4版[M].上海:华东师范大学出版社,2022.

[25]林琳.学前儿童美术教育活动设计与指导[M].上海:上海交通大学出版社,2019.

[26]刘桂宏."全实践"理念下学前儿童美术教育课程教学的研究[J].考试周刊,2016(56):185—185,162.

[27]刘宏伟.学前儿童美术教育是启蒙教育——关于课外学前儿童绘画指导的实践与研究[J].美术教育研究,2013(20):165—165.

[28]刘华.学前儿童美术教育中的创造力培养研究[J].时代报告,2021(18):159－160.

[29]刘静宜.学前儿童美术教育现状及存在的问题探析[J].参花,2013(4):115－115.

[30]刘彦婷.学前儿童美术教育中的两难问题及对策思考[J].佳木斯职业学院学报,2015(10):183－183.

[31]刘颖.学前儿童美术教育的创新与改革[J].文艺生活·文海艺苑,2015(11):220.

[32]吕耀坚,魏婷,王瑾,等.学前儿童美术教育与活动指导第2版[M].长沙:湖南大学出版社,2018.

[33]邱金弥.学前儿童美术教育现状及存在问题探讨[J].时代教育,2015(18):69－69.

[34]谭婷.学前儿童美术教育课程教学研究[J].新教育时代电子杂志(教师版),2021(7):5.

[35]唐成辉.学前儿童美术教育的家庭促进策略[J].学前教育研究,2019(6):81－84.

[36]万虹臣.学前儿童美术教育中绘本创作教学分析[J].电脑校园,2019(10):5371－5372.

[37]王静,吕懿轩.学前儿童美术教育中的创造力培养初探[J].佳木斯职业学院学报,2016(11):220.

[38]王任梅.学前儿童美术教育[M].北京:北京师范大学出版社,2015.

[39]王彤,李天宇.学前儿童美术教育中软陶的应用[J].人才资源开发,2015(20):243－243.

[40]王小芳.学前儿童美术教育中的发散思维能力培养研究[J].文渊(中学版),2019(2):75.

[41]王鑫.学前儿童美术教育[M].长春:东北师范大学出版社,2019.

[42]王咏.学前儿童美术教育[M].北京:人民邮电出版社,2018.

[43]吴薇.学前儿童美术教育初探[J].美术教育研究,2012(6):150－150.

[44]肖鑫鑫,崔昆.学前儿童艺术教育与活动指导美术分册[M].成都:西南财经大学出版社,2016.

[45]肖轶文.学前儿童美术教育与活动指导[M].镇江:江苏大学出版社,2020.

[46]许妮娜,朱巧玲,徐鸿,等.学前儿童美术教育活动与指导[M].北京:中国轻工业出版社,2021.

[47]薛英楠.学前儿童美术教育环境创设分析[J].科教文汇,2013(2):177-177,179.

[48]杨璐,柳标.学前儿童美术教育活动的途径和方法探究[J].美与时代(中旬刊)·美术学刊,2017(8):106-107.

[49]易俊英.《学前儿童美术教育》中项目教学法的运用[J].文理导航·教育研究与实践,2015(6):289-289.

[50]尹蕾,吴丽萍,唐立娟.学前儿童美术教育[M].南京:东南大学出版社,2017.

[51]张浩,安然.学前儿童美术教育与活动设计[M].北京:科学出版社,2017.

[52]张曦敏.学前儿童美术教育与活动指导[M].南京:南京大学出版社,2019.

[53]周妍.学前儿童美术教育活动中资源的运用[J].教育教学论坛,2018(1):45-46.